舌尖上的教育

REASONING TALK
WITH CHILDREN

跟孩子说理的艺术

胡江波 著

清华大学出版社
北京

版权所有，侵权必究。举报：010-62782989，beiqinquan@tup.tsinghua.edu.cn。

图书在版编目（CIP）数据

舌尖上的教育：跟孩子说理的艺术/胡江波著. —北京：清华大学出版社，2018（2024.12重印）
 ISBN 978-7-302-50126-8

Ⅰ.①舌… Ⅱ.①胡… Ⅲ.①家庭教育–语言艺术 Ⅳ.①G78

中国版本图书馆 CIP 数据核字（2018）第 106240 号

责任编辑：王巧珍
装帧设计：张　浩
责任校对：王荣静
责任印制：杨　艳

出版发行：清华大学出版社
　　　　网　址：https://www.tup.com.cn，https://www.wqxuetang.com
　　　　地　址：北京清华大学学研大厦A座　　邮　编：100084
　　　　社总机：010-83470000　　邮　购：010-62786544
　　　　投稿与读者服务：010-62776969，c-service@tup.tsinghua.edu.cn
　　　　质量反馈：010-62772015，zhiliang@tup.tsinghua.edu.cn
印　装　者：涿州市般润文化传播有限公司
经　　　销：全国新华书店
开　　　本：155mm×230mm　　印张：15.25　　字　数：134千字
版　　　次：2018年6月第1版　　印　次：2024年12月第6次印刷
定　　　价：48.00元

产品编号：078336-02

序

卢梭在《爱弥儿》中展示过这么一段对话：

老师：不应该做那件事情。

孩子：为什么不该做那件事情？

老师：因为那样做是很不好的。

孩子：不好？有什么不好！

老师：因为别人不许你那样做。

孩子：不许我做的事情我做了，有什么不好？

老师：你不听话，别人就要处罚你。

孩子：我会做得不让人家知道。

老师：别人会暗暗注意你的。

孩子：我藏起来做。

老师：别人要问你的。

孩子：我就撒谎。

老师：不应该撒谎。

孩子：为什么不应该撒谎？

老师：因为撒谎是很不好的。

这段对话看上去是不是很可笑？但它是不是也似曾相识？我们做孩子的时候，是不是常常接受过这样的"说理"？我们做父母的时候，是不是也这么对孩子说话？在这段对话里，大人传递了这样一些信息：别人不许你做的事情，你做了就是不好的；之所以不做某件事情，是因为别人觉得这样做了不好；你要是做了别人不让你做的事，你就要受罚。现实中有很多"熊孩子"，大人觉得对付他们主要就是要压得狠、镇得住，他自然就乖了，和他讲道理，只会让他学会讨价还价，那大人还有什么威严！卢梭说，这样的教育就算了吧，不会有任何用处的，只能教人服从，哪里能够培养人的心灵呢！

我们在向孩子解释某件事情或者某个现象时，常常会遇到他们反问"为什么"；我们也常常需要向孩子们指出该做什么，并且接着解释原因。这些都是生活中最日常的沟通，几乎占据了亲子沟通的大半。但我们有没有意识到，在孩子童年的早期，向他们传递的每一个"理由"，都成为构建他们的意义世界的砖石呢？事实上，他们就是在和我们日常的交流互动中，通过每一个我们陈述的"因为"，来了解这个世界、理解我们的社会文化的。如果大人们使用一套混乱的体系，或者进行随心所欲的解释，那么就很难建立起共享的价值观，到时候，我们又要责怪孩子"不可理喻"了！

可见，要养成一个通情达理的孩子，成年人首先要学会"说理"。胡江波博士的这本书给我带来了很大的启发。她根据不同的情境，详细地分析了日常生活对话中"说理"的层次，每一个层次又是如何为前一个层次提供依据的，不同的说理方式会造就孩子何种不同的理解。原来语言背后，有着它自身的意义逻辑和极其丰富的潜在信息，所以它是有能量的，是家庭教育以及更广泛的社会互动中非常核心的组成部分。换句话说，你会培养出什么样的孩子，主要看你和孩子如何说话，如何讲理，如何解释事物、现象和行动的缘由。好的说理，能够丰富孩子的见识，训练孩子的思维，引起孩子的共情，更重要的是能够建构成人和孩子之间良好的关系。

最值得欣赏的是，书中的"说理"靠的不是理论文字，而是鲜活的故事和案例，很好地呈现了我们日常生活中大人和孩子交流的情境。它们那么熟悉，好像全部在我身边发生过：大人们随意制定规则，进行情感"贿赂""敲诈"或者"威胁"——书中揭示了这些情境背后的逻辑线索，追究到了最终的教育观念和立场。书里也呈现了一些正面案例，让人能够学到不少亲子沟通的经验。引起我注意的一个事实是：书中引用了实证研究的结果——在讨论大自然或者文学作品时，家长会不自觉地运用更多正能量的说理，而在规范孩子的行为时，又会下意识地运用更多糟糕的说理方式，因为他们太想马上看到一个行为结果。这一现象是不是能让我们追问：我们如何更为自觉地运用这种无功利的说理方式，和孩子享受科学探索和艺术创造，以及如何更耐心细致地通过对于更大范围里群体价值观的解释来规范孩子的社会行为呢？

在孩子那里做一个好的大人，我觉得挺难的。尤其是我们曾经被大人以不讲理的方式对待过，下意识里会觉得那是天经地义的方式。小时候我们可能会顺从，大了我们会让孩子这样去顺从；或者自己走向反道，宣告与社会决裂。但其实一切可以更好，我们只是需要有好的理念和方法，以及行动力。我觉得这本书非常适合困惑中的大人们阅读，包括家长，也包括教师，只要怀有"要和孩子好好相处"的愿望，就会在其中得到很多的收获。而我也希望，阅读者不要怀着"学点技巧和策略"好去"驾驭"孩子的想法，因为教育不是一连串的技巧策略，而是真诚和平等的沟通，想教育好一个孩子，先从改造自己的态度和立场做起。

胡江波是一个在海外研究儿童语言发展和教育的学者，她很好地运用了系统功能语言学的原理和框架来考察、剖析、反思当今社会生活中亲子沟通的问题。如何将学问化为经验，来把握和分析问题，这又依赖于她长期在教育实践中精准的观察和训练。她应邀来我校为学前教育专业的研究生做过讲座，我对她丰富的学识、清晰而流畅的思维，以及富有激情的演讲风格有着非常深刻的印象，尤其记得大片年轻学子们眼睛中被她点燃的光亮。希望这本书，也能点燃阅读者心中的烛火，成就身边孩子们的幸福成长，也成就一种美好的共同生活。

南京师范大学教育科学学院

黄进　教授

前 言

最真实有效的教育是什么？这似乎是教育者和家长们永远在孜孜以求，而无法找到终极答案的主题。当下各类教育学说和育儿攻略层出不穷，有的强调幼儿心理，有的诉诸自然环境，有的推崇亲子气氛，有的倡导规矩礼仪……众多说法如盲人摸象，各执真理一端，让年轻的家长们惊喜于更多新教育理念的同时，又有些许无所适从的茫然。

茫然感一方面来源于育儿学说太过纷杂，无所甄别适从；另一方面更来源于如何将满腹育儿经纶付诸实践，在孩子身上见到效果。做了几年家长都会心知肚明，育儿理论往往说来简单，执行不易，尤其用在自己孩子身上。那满腔热情的苦口婆心往往遭遇孩子的无视或对抗，再加上脑中高期望值的催化剂催化，满腔热情可能异化成愤怒和绝望：这孩子怎么这么熊？这么不听话？！

世上若有那么一个将家长的良好意愿和经验智慧自动转换到孩子身上的转换器该多好啊！我们说的话孩子都能听得进去，我们的经验智慧能被孩子像海绵吸水那样吸纳进去，孩子在我们的经验和智慧引导下健康愉快地成长……有了这样的转换器，我们做家长就没那么辛苦了，也不必感慨"撼山易，撼自家孩儿难"了。

世上有这样的神器吗？如果有教育大师发明这样的神器，一定能得教育学诺贝尔奖。如果有这样的神器，我们一定不惜一切代价获得。它存在吗？

今天，我想以一个严谨的教育研究和实践者的身份告诉你：如此神器真实存在，但它不是出自哪位教育大师之手，它是浑然天成的宇宙间一个非常强大的力量，而且是每个人都能拥有的力量，它存于你的舌尖上，它就是你对孩子说出的每一句话，它就是你的语言！

是的，你的语言，你对孩子说出的每一句话都是有能量的。如果这个能量运用得当，就是能将你的经验和智慧转化到孩子身上的强大的转换器；若运用不当，便有可能是"逆子孵化器"。不知天下多少家长，错误地运用这个能量，干出多少事与愿违的事儿啊！

最真实有效的教育阵地不在高深的课堂上，不在昂贵的培训班内，不在高科技的玩具里，不在益智的练习题中……它在每个家长的舌尖上！不论你多懂幼儿心理，多懂环境营造，多懂育儿原则和技巧，这一切最终要落实到你跟孩子如何交流、如何跟他们说话的层面上。没有合理有效的语言交流，一切教育理念都是不可能对孩子起作用的虚无。

舌尖上的教育是最重要的教育阵地，但也是被教育界和家长们长期忽视的阵地，现在应该将它夺回来。

本书聚焦说理，这一常见的家长用于管教孩子行为或解释某个事物的语言形式，将语言学的知识融入家长如何与幼儿讲道理的对话的分析中，帮助家长认识说理在实现教育目的上的至关重要的地位，提高与孩子说理沟通的技巧，用高效有力的语言为孩子创造高质量的成长"软环境"，塑造孩子的良好的思维习惯和人格品质，成就孩子幸福、成功的人生！

胡江波

目 录
CONTENTS

第一章 说理对孩子的思维培养和人格成长有多重要？ /1
 说理新概念 /3
 为什么会有"熊孩子"？ /8
 父母舌尖下的人生起跑线 /18

第二章 跟孩子说理的核心是什么？ /25
 以理服孩："层次四步曲"的方法导入 /28
 有效选择：什么类型的说理孩子容易接受？ /35
 一点比较：正能量和负能量的说理区别在哪里？ /51
 一点延伸：深度了解"理"的力量源泉 /60

第三章 解读案例：说理的成与败 /67
 案例分析——行为规范篇 /70
  案例1 花童的裙子不能弄脏 /70
  案例2 该不该对外婆尖叫？ /74

案例 3　停止撞车游戏 /77

案例 4　去不了幼儿园 /80

案例 5　不知道名字的后果很严重！/83

案例分析——现象解释篇 /86

案例 1　董永为什么当宰相？/86

案例 2　站在后面的老鼠能迎接青蛙吗？/89

案例 3　为什么老是扮演"白雪公主"？/91

案例分析——不听话的缘由 /96

案例 1　超市里的哭闹 /97

案例 2　生日派对上的不合作 /101

第四章　说理的思维策略：怎么说孩子更信服？ /109

层次倒推法：从立场出发的逆向思维 /111

黄金组合法：当逻辑遭遇情感共鸣 /118

立场延伸法：将规矩背后的理说透 /126

负能量过滤法：警惕语言暴力 /133

第五章　说理的心理策略：怎么说孩子不会犟？ /143

有限选择法：让孩子从说"No"到说"Yes" /146

平等交换法：让孩子愉快地接受你的建议 /155

演示强化法：榜样的力量是无穷的 /162

第六章　案例翻转训练：你是一个说理高手吗？/169

7 个案例：7 种情境中家长使用的语言 /172

案例 1　为什么要收玩具？/173

案例 2　地铁车门怎么还不关？/174

案例 3　被人抢了玩具应不应该打回去？/175

案例 4　上飞机时不能玩玩具 /177

案例 5　吃饭前不能吃零食 /178

案例 6　不要在小溪边玩水 /179

案例 7　上完厕所再玩火车 /180

案例翻转：更合情合理打动孩子的说法 /182

第七章　理多人不怪：了解一点语言学/195

语言的本质——表达思维 /198

语言的功能——有效交流 /202

交流高手——对语言功能驾驭自如 /210

说理性语言——交流高手的必备宝典 /215

参考文献/222

后记/225

第一章

说理对孩子的思维培养和人格成长有多重要？

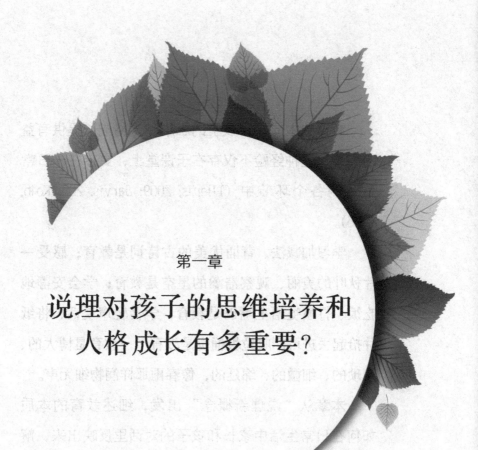

教育的本质是为孩子的思维和人格成长提供有益的经验，这种经验不仅存在于课堂上，更存在于日常生活的各个环节中（Illeris, 2009; Jarvis, 200; Kolb, 2015）。

学习加减法、背诵优美的古诗词是教育；感受一片秋叶的美丽、观察浩瀚的星空是教育；学会安静地吃饭、打喷嚏捂上嘴巴是教育；学会轻声说话、将纸片拾起丢进可回收垃圾桶也是教育……教育是博大的、烦琐的、细微的、绵延的，像春雨那样润物细无声。

本章从"说理新概念"出发，细述教育的本质如何在日常生活中家长和孩子的对话里反映出来，解释为什么说理会对孩子的思维和人格塑造产生非凡意义，同时对所谓的"人生起跑线"作出新的界定。

说理新概念

说理不是跟孩子说大道理，跟他们说书本上或成人世界的原则，如"从小要好好学习，长大才有用"之类的语言。如果没有情景铺垫，这些大道理通常是孩子难以接受的，因为大道理超出孩子的认知习惯。幼小的孩子，特别是学龄前儿童，是与当下思维和经验思维习惯，即思维和此时此刻的眼前事物或他们已有的经验相联系（Bjorklund，2011），离开"当下语境"和"经验语境"，道理再好，大人再诚恳热心，孩子也难以接受。在孩子的头脑中，"好好学习，长大有用"跟我现在和家里人在一起吃饭或玩玩具有什么关系？

说大道理应该是家长和孩子交流中最需要避开的语言

类型之一，因为这类语言不但空耗热情，还在孩子面前树立起一个无趣的、喋喋不休的负面形象，自毁程度超过"对牛弹琴"！

　　本书中的说理是指日常对话中上句和下句有因果关系的语言，比如："爷爷在睡觉，我们小声点说话，让他能好好休息""外面风大，戴上围巾，不要着凉生病了"……这样的语言在生活中随时出现，大量用于家长规范孩子的行为或解释某种现象的时候。我们称这类语言为说理。这类语言中的"因"决定我们说的话有没有"理"，以及理的分量，对孩子的思维习惯和人格形成有超乎想象的影响和塑造作用。

我们看下面一对母女之间的对话。

（注：本书中所有对话来源于作者实地观察和做语言研究的录像数据，全是真实资料，并非杜撰，参与者用别名替代。在此感谢研究参与者的大力支持！）

第一章 说理对孩子的思维培养和人格成长有多重要？

背景：娜娜（4岁9个月）从幼儿园回来，妈妈让她试穿一条新裙子，这条裙子是娜娜第二天参加一场婚礼做花童要穿的裙子。娜娜穿上那条裙子后很兴奋，她在家里欢舞了一阵后，走到冰箱前面，打开冰箱门找东西吃，这时妈妈说话了。

妈妈：你要吃什么？

娜娜：我要喝果汁。

妈妈：果汁不行，果汁有颜色，会把裙子搞脏。

娜娜：我小心一点。

妈妈：不行，过来喝水（倒了一杯水），要不就把裙子脱下。

娜娜：不要！不要！我要穿这个裙子。

妈妈：那就过来喝水，我说了果汁不行。你如果把裙子搞脏了，就当不了花童，那青青阿姨明天可怎么结婚啊？

（娜娜犹豫片刻，不开心地接过妈妈递给她的水。）

这段话令人印象深刻的部分可能是娜娜妈妈的结论，她怎么把孩子喝果汁和青青阿姨能不能结婚这两件看似不相干的事情联系在一起的？这种跳跃式的联系让人有些忍俊不禁，娜娜妈妈的语言好像有点道理，又有点怪异。如果仔细分析一下娜娜妈妈的言论，我们可以发现她对娜娜说的话有三个说理的链接点：

A. 果汁有颜色，会把裙子搞脏。

B. 裙子脏了就不能当花童。

C. 没有花童，婚礼就不能举行。

这三个链接点将这个孩子喝果汁的三个可能的相关后果表明出来，这三个后果一个比一个严重，最后升级到影响青青阿姨的婚礼，有了多米诺骨牌的效应。因为妈妈想阻止娜娜喝果汁，有意夸大了这个行为后果的严重性，想以此镇住娜娜。

这位妈妈的说理合不合理？在此暂且不评估，待下面一个章节说明说理性语言的层次结构后，我们再回头分析这段对话就会一目了然，发现真正的问题出在哪里。

抛开说理，这位妈妈有一点做得比较好，她给娜娜两个选择：要么脱下裙子喝果汁，要么穿着裙子喝水（没有颜色）。这种给孩子有限的选择权也是引导孩子行为的重要策略之一，往往比较奏效。应该说娜娜最后服从妈妈的指令，既有妈妈用严重后果把她镇住的直接原因，也有妈妈给她选择权，让她在服从中保持一点尊严的潜在因素。

从以上的例子中，我们看到，说理性语言通常出现在规范孩子行为的时候，在生活中发生频率会非常高，家长几乎在每次引导孩子行为的时候都得用上一些理由。说理性语言在表面上的直接效果是让孩子听从自己的建议，但其隐含的潜在效果却对孩子有着更重要的影响，因为家长在说理时用的理由反映着事物的规律和社会的原则，这些信息对孩子的思维格局和人格养成有着不可估量的作用。比如，娜娜的妈妈在她的说理中用的理由很可能会对娜娜今后的行为和社会判断产生影响。娜娜会相信果汁容易弄脏衣服，这是一件很麻烦的事情（其实果汁很容易洗掉）；花童的裙子必须是干净的，没有花童的婚礼是无法举行的……

语言的本质是思维表达，说理性语言的本质是因果逻辑思维的表达。家长对孩子无心说的话、用的理都是在悄悄塑造孩子的思维和看待世界、理解世界的眼光，这关乎育儿成才的核心要素。

为什么会有"熊孩子"?

熊孩子是怎样的?这似乎没有精准的定义。生活中我们如果看到一个孩子不讲规矩,独立生活能力差,情绪自控能力比较糟糕,行为会干扰到他人,这基本就是熊孩子的模样了。比如在一家宾馆的早餐厅里,一个5岁的孩子坐在桌边等奶奶给自己拿早餐,他嫌奶奶的速度慢,不停地叫:"你太慢了,你像蜗牛一样慢,你比蜗牛还慢!"步履蹒跚的奶奶最后把一盘食物端上来,但孩子看到盘中有个鸡蛋,马上就不乐意了,对着奶奶怒吼:"跟你说了不要鸡蛋,你还拿鸡蛋!你想害死我!"说完拿起鸡蛋往外扔,砸到路过的服务员身上……

这个孩子用比较极端的言行表达对奶奶的不满、对鸡蛋的厌恶，足以吸引周围人的目光，也足以让周围人摇头叹息：这真是个熊孩子！

在社会媒体中，关于熊孩子的报道屡见不鲜：高铁上有捣乱打闹的熊孩子；火锅店里有糟蹋食物的熊孩子；校园里有蛮不讲理的熊孩子……

这些孩子怎么了？是基因突变还是先天有叛逆反骨？他们"熊"的根源在哪儿？

其实，孩子人格特征的形成根源在很大程度上是来自与他们的父母以及其他关系亲近的成人的语言交流。著名心理学家维果茨基（Vygotsky）早就指出：孩子内在的思维和人格特征是由其外在的社会交流所决定的，而在这其中语言扮演了重要角色（Vysosky，1978）。

孩子的社会交流主要就是与他们的父母以及周围亲近的人的语言交流，所以当成年人抱怨孩子不听话、拥有"熊孩子"特征时,应该反思一下,是不是自己说的话有问题,让孩子听得"中毒",为"熊孩子"人格特征长成提供了丰厚的滋生土壤?我们看下面一段对话:

背景:平之(4岁半)在客厅玩积木玩了好一阵了,之后走到厨房,从果盘里拿出一个香蕉,准备吃。

妈妈:你还没洗手呢,洗了手再吃。

平之:不要洗!(开始剥香蕉皮。)

妈妈:你的手太脏了!

(平之不理妈妈,继续剥香蕉皮。)

妈妈:我们家大卫生间装了洗手液(的盒子),你不是喜欢用那个洗手吗?

平之:是那个一摁就有泡泡的?

妈妈:是啊,昨天装的,你忘了?

平之:好,我去看看。

妈妈:你要用那个洗手哦。

平之:嗯(跑向卫生间)。

平之最后洗了手,但平之妈妈说服他洗手的理由是卫生间有洗手液盒子,洗手比较好玩。**这个说理的本质是一种变相的"贿赂",用一些暂时的好处和利益诱导孩子的行为。**这其实就是在滋养平之不尊重规矩、满足自己情绪为先的任性行为,这也是"熊孩子"的特征之一。贿赂型的说理往往开始比较有效,但时间一长就失效。我们很难想象平之对洗手液盒子一摁就出泡泡的现象,有很长时间的新奇感,妈妈用这个理由劝服平之洗手的有效期实在有限。她若经常用"贿赂式"的语言跟孩子说话,其实无法真正树立自己的威信,将面临管教失控的局面。

其实在此,平之妈妈完全可以用"正当理由"规范平之的行为:你的手很脏,有细菌,用脏手吃东西会把细菌吃进去,会生病,很不舒服。我不希望你生病,所以请你洗手……同时可以给平之另一个选择：如果你现在不想洗手就去客厅继续玩，什么时候想洗手了再来吃香蕉。给出另一个选择也是给孩子一些维持自尊心的余地，往往能帮助说理奏效。如果平之要耍赖哭闹，那就让他哭闹吧，冷处理是对付已养成的"熊孩子"的重要方法之一。妈妈把原则底线和可供选择的方案说清楚之后，就不应该再退让了。家长需要让孩子在家里就知道规则的力量，让孩子在规则面前碰壁，即使情绪失控也不能妥协。孩子在情绪发泄完之后会慢慢找回他应有的行为规范，而且感受到通过自己的努力重新获得他人认同和尊重的喜悦。

用正确的理由引导孩子的行为，并坚持下去，会最终让孩子懂得自然规律和社会规范的重要意义，对其人格塑造有巨大影响。在这个过程中，家长特别是妈妈的角色很重要。

澳大利亚著名的语言学家，也是世界语言学界的大师韩茹凯（Ruqaiya Hasan），在20世纪90年代做了一个非常有名的对比研究。她对比了生活在澳大利亚悉尼市的中产阶级受教育程度高的妈妈和底层阶级受教育程度低的妈妈跟她们学龄前孩子的语言交流习惯，发现这两类妈妈在说理性的语言上区别很大，对孩子产生了截然不同的影响（Hasan, 1993）。在韩茹凯的研究中，中产阶级受教育程度高的妈妈和底层阶级受教育程度低的妈妈在与孩子说理

上有以下两个显著不同的地方:

第一个区别是,受教育程度高的妈妈在和孩子的日常对话中,说理性的语言使用频率远远高于受教育程度低的妈妈。受教育程度高的妈妈说话时,用大量有因果关系的语言去解释事物的规律,或用这类语言规范孩子的行为。比如孩子坐姿不端正,脚跷在桌子上了,受教育程度高的妈妈会说:"把脚放下来,你那样坐容易摔倒,而且桌子是用来放物品的,不是放你的脚的……"受教育程度低的妈妈会直接用指令性语言,通常不加解释。看到孩子脚放桌子上时会说:"把脚放下来,听到没有?我说很多次了……"

对比这两个妈妈的语言,她们其实都对孩子发出了指令:"把脚放下来。"但很明显,第一个妈妈说话显得文明,第二个妈妈则显得粗鲁。导致这种区别的原因不是两个妈妈说话的口气,而是她们的语言中有没有说理的成分。第一个妈妈讲出了脚要放下来的原因,让这其中所含的因果规律去规劝孩子的行为,即使是轻言细语,话语的分量也是重的;而第二个妈妈没有给出任何原因,直接用自己的权威去改变孩子的行为,暴力彰显,自然就粗鲁了。

第二个区别是,受教育程度高的妈妈跟孩子说理时,运用逻辑规律或人群合作原则的因果关系,比如:"打喷嚏时用手捂住嘴巴,不然细菌会传给别人。"而受教育程度低的妈妈在其有限的说理性语言中,说理的立场则更多地使用威胁或贿赂的力量,比如:"再让我听到老师说你欺负小朋友,就别想吃好东西"(威胁);"你表现好,就买那个蜘蛛人玩具"(贿赂)。

韩茹凯的研究还发现,受教育程度高的妈妈的说理虽然看似温柔,但孩子执行妈妈的指令的比例却比较高;受教育程度低的妈妈虽然语言听上去有力量,却更多地遭到孩子的反抗。这跟很多人想象的孩子怕凶(威胁)信哄(贿赂)、一吼一骗就让他们乖乖服从很不一样。威胁和贿赂在某一个时刻、对某一件事情好像立刻生效,可以让孩子迅速服从,但从长远看,这些手段起着相反的作用。

韩茹凯进一步分析了妈妈们的语言,指出这其中深刻的原因是妈妈们说理的立场不同。当妈妈用自然界的逻辑关系和人群合作的原则去跟孩子说理时,她的语言借助的力量是强大而隐形的,超出小家庭的环境,这种隐形力量孩子看不到,但感受得到,往往让他们难以反抗。换句话说,即使孩子有意反抗,妈妈说的话效果依然存在。比如,妈妈说了"打喷嚏时用手捂住嘴巴,不然细菌会传给别人",孩子如果反抗妈妈的指令,打喷嚏时不捂住嘴巴,他会发现别人会对这个行为嫌弃,会下意识避开,感受到好像真有细菌传出去,妈妈说得没错啊!在这种情况下,有意的背叛也使孩子无法挑战妈妈语言中的有效性、合理性,长此以往,妈妈真正的权威感在孩子心中树立。而妈妈用威胁和贿赂性的语言跟孩子说理时,她用的力量是自己的个人权威,作为家长的权威,但这个权威局限在小家庭内,这个力量就在孩子眼前,孩子看得到,而且可以挑战。比如,妈妈说"再让我听到老师说你欺负小朋友,就别想吃好东西",孩子会思考:老师说了我的坏话,我就真没有好东西吃了?这好像不见得会成真,这个结果不是必然的。如果我装可怜或耍赖,妈妈也许心软,会改变主意,或者趁着妈妈没注意,我从冰箱里偷点好吃的东西出来也是可能的。总之,孩子可以感受到妈妈的理由不会必然导致她说的结果,这让他们愿意尝试着去冒犯和挑战,从而得到自己想要的结果。

从以上分析中，我们能看到，"熊孩子"之所以能够"熊"，是因为妈妈在日常管教中让他们有机可乘，助长和推进了孩子选择"熊行为"的动力。即使妈妈可以用暴力压制孩子的反抗，给他们一些肉体和物质上的惩罚，但终有一天孩子会长大，他们的反抗会让大人难以压制，建立在个人权威上的管教最终无法取得令人满意的成果。

在日常对话中，家长需要用大量的说理性语言去不断地规范孩子的行为和解释身边发生的事物，家长说理的方式不但对孩子的行为习惯有影响，对孩子的认知和思维模式都会产生巨大的塑造作用。用自然界的逻辑关系和人际合作为原则对孩子说理的家长，无形中带给孩子自然界的知识和正确处理人际关系的准则。如前面的例子"打喷嚏时要捂住嘴巴，不然细菌会传给别人"，背后的潜台词是咳嗽会传播病菌，这是自然现象，大家不想被病菌传染，我们需要考虑别人的利益和尊重别人的感受，这是社会交往的基本准则，而且我们自己的行为其实和周围世界以及周围的人都是有关系的。如果家长经常使用这样的语言，孩子对自然现象、人际关系以及事物因果联系的感知和认识都会得到提升，日久天长，便形成一种客观合理、懂得公平合作的思维方式。与此相对应，如果孩子经常处于威胁或贿赂性的语言中，如"你表现好，就买那个蜘蛛人玩具"（贿赂），这些孩子在日常交流中得到的自然界的知识较少,而且学到的是另一种非正常的人际关系的原则,即用权威、物质等因素来主导人际关系,而不是尊重与合作。日积月累,这些孩子的思维也会出现鲜明的主观、利己的特色。

作为语言学界的大师,韩茹凯的理论和研究给人耳目一新的概念,她直接切入语言作为交流工具最核心的价值:语言在语义(semantic meaning)上传达的真正含义是什么?在本书最后一章我会介绍一些语言学知识,继续挖掘大师们的学说为我们实践生活带来提升的契机。在这里需要强调的是韩茹凯从语言表达的语义功能的角度分析妈妈们和学龄前儿童的对话,她让我们看到语言背后的力量,理解什么是言轻语重,什么是色厉内荏。她展示了为什么许多严厉管教孩子的妈妈往往得到了"熊孩子"的结局,尽管她们起初所怀的愿望是多么良好。

父母光有爱心和良好的愿望是远远不够的,不论多大的爱、多好的愿望都需要用正确的方式表达出来,最终要引导孩子做出来,在这个过程中父母跟孩子交流所使用的语言至关重要。

父母舌尖下的人生起跑线

在当下教育热门话题中,家长角色的重要性已经得到越来越多的认可。但人们在讨论家长角色时,更多的是看重家长能够给孩子提供什么机会、家长的理念和行为方式对孩子的影响,而忽视了家长日常生活中的语言对孩子行为和思维方式的塑造。

孩子从生下来第一天起就处在一个自然的原生家庭的社会交流中,这种交流不仅促进了婴幼儿的语言发展,也在他们的思维和人格上打上烙印。大量家庭研究表明,父母的语言质量对于孩子成长的各项指标有显著影响。[1][2]

---

[1] Bernstein B. Pedagogy, symbolic control, and identity: Theory, research, critique [M]. Rowman & Littlefield, 2000.

[2] Hasan R. Semantic variation: Meaning in society and in sociolinguistics [J]. 2009.

比如 Hart 和 Risley（1995）比较美国中产阶级和底层福利阶级家长和幼儿说话的数量发现，从出生到孩子 5 岁，中产阶级家长跟幼儿互动说话的语言数量比底层福利阶级的家长多出三千万个词汇！[1]这意味着上学前（美国幼儿 5 岁上学）中产阶级家庭的孩子比福利阶级庭的孩子多了三千万个词汇所能带来的学习机会，这个差距可能比贫富阶层在经济水平上的差距更令人印象深刻。

育儿的经典语录——言传身教，强调了父母语言和行为的重要性。其中"言传"二字意义重大，"言传"即父母在日常生活中和孩子的交流，包括用于照顾孩子吃喝拉撒的语言，它是随机发生的，可好可坏，是中性概念。但当下很多人将"言传"误解成父母向孩子灌输一些深邃智慧的大道理，如格言或家训之类，这些年向年幼的儿童进行读经活动和家训倡导都反映了这种趋势。其实格言和家训只是比较适用于塑造孩子的人生观和价值观，并且适用于 10 岁以上的比较大的孩子，对于塑造低龄孩子的思维方式，帮其了解自然界、理解社会关系等诸多能力并无明显助益。**而家长随机向孩子说出的语言，包罗万象，日积月累，这才是教育最主要的阵地，是"言传"二字的**

---

[1] Hart B, Risley T R. The early catastrophe: The 30 million word gap by age 3 [J]. American educator, 2003, 27 (1): 4-9.

本真面目。我们看下面一段对话:

朵朵（3岁7个月）有些咳嗽，妈妈要给她喂药，那瓶咳嗽药水是粉红色的，妈妈拿出药瓶。

妈妈：咱们现在把"小粉"请出来，记得"小粉"吗？

朵朵：记得，还有"小咖"（药水是咖啡色的）。

妈妈："小咖"已经没有了，今天就喝"小粉"。

朵朵：有"小红"吗？红的药？

妈妈：有的，还有黄色的药，"小黄"。

朵朵：还有紫色的药，"小紫"；嗯，绿色的药，"小绿"；蓝色的药，"小蓝"！

妈妈：哈哈，咱们要开杂色药铺了。今天就尝"小粉"，因为只有"小粉"治你的咳嗽。来，把"小粉"喝了。

朵朵：嗯，喝了"小粉"就不咳嗽（张开嘴喝下妈妈递来的汤勺中的药水）。

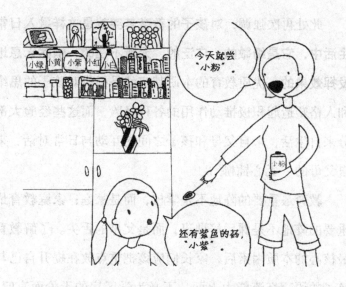

从这段对话中可以看出，朵朵的妈妈以前就给药按颜色取了名字，这无形中给"吃药"这个对孩子来说比较苦恼的事情增加了乐趣，提高了孩子吃药的积极性。朵朵敏锐地发现了妈妈给药按颜色取名的规律，她照此类推，想出"小紫""小绿""小蓝"这些词。妈妈比较赞赏朵朵的想象力，用开"杂色药铺"来延伸朵朵的说法，然后话锋一转，回到"小粉"药水，说明现在要喝"小粉"的原因，朵朵非常配合地把药喝了。

朵朵的妈妈其实是用比较隐性、有趣的说理方法引导朵朵乖乖吃药，在引导的过程中，朵朵不但享受吃药，还有机会发挥她的推理想象，同时也懂得特定的药治特定的病（"小粉"治咳嗽）。这些都是加深孩子对周围事物的理解，提供逻辑性思维的经验。

此处再次强调，**对孩子的教育其实就是这样融入日常生活中，它是细微的、广泛的、无所不在的，悄然无息地发挥效果的**。优质教育的本质其实就是提供对孩子的思维和人格塑造起积极推动作用的各种经验，而这些经验大部分来自生活，来自父母和孩子之间的互动与日常对话，来自父母的"无心插柳"。

教育最重要的阵地不是学校，而是家庭；家庭教育最重要的阵地不是课后培训班，而是父母的舌尖。了解教育最核心的本质因素后，家长们应该把重点放在提升自己与孩子的语言交流能力上面。不必为学区房的天价而哀叹，也无须为培训班的高昂收费而忧心，求人不如求己，利用最有效的教育资源——上天赐给每个人的天赋——自己的语言，去为孩子打造最有利于他们成长的软环境，让自己成为孩子的祝福，而不是诅咒。如果有家长认为自己现在处于"寒门"阶段，也不要失去培养"贵子"的信心。从关注怎么跟孩子交流开始，用有正面能量的语言为孩子带去人生中最宝贵的财富——健全的思维方式和人格品质，打破"寒门陷阱"！

孩子成长最真实的起跑线其实在父母的舌尖上，让我们聚焦在父母舌尖上的话语，从如何跟孩子说理开始。

第一章 说理对孩子的思维培养和人格成长有多重要？

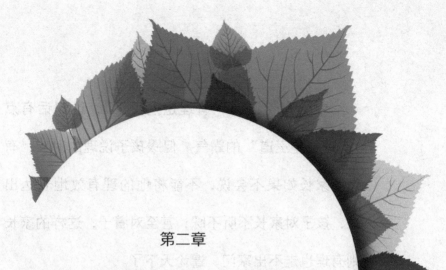

第二章

跟孩子说理的核心是什么？

中国有句话叫"有理走遍天下",这句话有点"有理便是王道"的霸气。但跟孩子说理的时候,有理的家长如果不会说,不能将他的理有效地表达出来,孩子对家长不听不睬,甚至对着干,这样的家长则有理也走不出家门,遑论天下了。

把道理说清楚、让孩子信服不是一件简单的事,因为说话者的意愿和说话者语言的导向经常是不相符的,而且这种不相符是说话者经常不自觉的,所以生活中"好心说错话"的人不少,"好心养逆子"的家长也不罕见。这种现象产生的根本原因是语言有其自身的独特规律,语言的能量跟语言表达的内在结构有关,跟说话者的愿意、说话声音的大小、说话口气的轻缓等外在因素关联并不大。在这一章,我将用语言学知识(系统功能语言学)分析说理性语言的结构特征,阐述"理"的力量源泉,让大家了解用说理性语言打动孩子的关键点。

以理服孩："层次四步曲"的方法导入

"以理服人"是人事交往中备受推崇的基础原则，它表明在说服人的交流情景中，大家服从的是"理"，而非说话者的身份或语气之类，所以用什么样的"理"能够服人至关重要，这是个技术问题。这个原则用在家庭教育中，核心内涵也如此，家长要"以理服孩"，而不是以自己作为家长的威严或特权去压制孩子，比如："我是你老爸（老妈），你得听我的"；"老爸（老妈）做的一切都是为你好，你怎能不听？"……这些话经常让孩子反感和抵制，是因为这些话含有胁迫的力量，毫无真正的"理"的成分。

"以理服孩"的关键是用什么样的"理"才能让孩子信服？跟孩子说理的理在哪儿？我们不妨先看两个例子。

例一：朵朵（3岁7个月）和妈妈的对话

背景：吃晚饭时，朵朵一边吃，一边玩纸巾，不断地从纸巾盒里抽出新的纸巾玩，这时妈妈说话了。

妈妈：别玩纸了，你在浪费纸。
（朵朵继续玩纸巾。）
妈妈：你知不知道纸是树做的？
朵朵：树怎么做出纸的？
妈妈：小童爸爸是干嘛的？
朵朵：砍树的。
妈妈：他把树砍下来，然后粉碎。
朵朵：然后把它弄平，再放白的。
妈妈：哈哈，差不多。他们把它捣成木浆，然后加上其他一些原料，然后就这样平摆（用手势）。但是纸是木头做的，你要爱护树木环境，就不能浪费纸。
朵朵：好吧，就一点点错，拉拉（她的好朋友）爱把草放在嘴里。

　　朵朵的妈妈成功地劝阻了朵朵玩纸的行为，用了一个对孩子来说比较新鲜的知识：纸是树做的，而且将浪费纸和环境保护的话题联系起来，延伸很到位。妈妈话语中包含一个自然法则，无可反驳，朵朵接受了妈妈的说法，她对纸是怎么做出来的也产生了强烈兴趣。但朵朵有个反应很有趣，她承认自己的错，声称那是小错，然后她用好朋友拉拉犯的大错（把草放在嘴里）来垫底，这透露了朵朵维护自己尊严的小心机。承认错误是需要勇气的，多少成人犯错后都不愿认错，还喜欢拼命掩饰。其实年幼的孩子也一样，要理解他们有时知错不改的倔强是因为尊严，而不是故意"不听话"，这跟成人在上司面前拼命解释"错不在我"是异曲同工的。朵朵承认犯了小错已经非常不容易了，家长到此应该停止规劝，让孩子顺利下台阶。

　　例二：子明（4岁半）和妈妈的对话

背景：子明妈妈在家打扫卫生，准备迎接一位客人的到来。这位客人头有些歪，有个外号叫"歪歪大叔"，子明妈妈不希望孩子在客人面前失礼，用"歪歪大叔"称呼客人，于是事先向子明解释外号问题。

妈妈：等一会儿蔡叔叔到我们家来，你要有礼貌，知道吗？

子明：嗯。

妈妈：你要叫他叔叔，但不能学其他小朋友叫他"歪歪大叔"。

子明：为什么？

妈妈：那是外号，叫外号不礼貌，一般人不喜欢被人叫外号，知道吗？

子明：知道了。

子明的妈妈在客人来之前打"预防针",希望子明不要用外号称呼客人。妈妈用的第一个理由是叫外号不礼貌;第二个理由是诉诸共同情感:大家都不喜欢被人叫外号。子明似乎意识到妈妈对这个问题的看重,但又有点似懂非懂,他对于"外号"缺乏经验,可能他自己没有外号,还没有体会过被人叫外号的不自在的感觉,所以他的反应是比较茫然的顺从。

以上两个例子中的妈妈似乎都比较成功地说服了孩子听从她们的指令,孩子也比较乖。妈妈用的是什么理?我们不妨把这两位妈妈用的理再深度挖掘一番。在此,我用韩茹凯的说理性语言框架理论(The framework of reasoning talk)分析这两位妈妈的说理。

根据韩茹凯的理论,说理性语言有四个结构层次:声称(claim)、原因(reason)、原则(principle)、立场(grounding)。声称是说话者的观点或指令;原因是支持说话者观点或指令的理由,和当下情境联系;原则是支持理由的更广泛的准则,和当下情境无关,或是推到更广泛的情境;立场是原则的立足点,是最根本最宽泛的准则。立场是说理性语言结构的终结,到此则无法推演下去。

以上表述有些抽象,我们套用前面两个实例来说明,则非常清楚。

例一:朵朵(3岁7个月)和妈妈的对话

声称：别玩纸，你在浪费纸。

原因：纸是树做的，浪费纸就是浪费树。

原则：树木是制造纸张的重要材料。

立场：包含自然规律的自然法则。

例二：子明（4岁半）和妈妈的对话

声称：不能叫蔡叔叔的外号。

原因：叫外号不礼貌。

　　　一般人不喜欢被人叫外号。

原则：不礼貌的行为不被接受。

　　　尊重他人的感受。

立场：人际交往的合作法则。

以上我们用声称、原因、原则、立场这四个概念对两个妈妈的说理进行四步分析，层层递进，这样的分析让我们比较容易摸到支撑语言表现背后的脉络，寻到说理性语言的最终着眼点。这是分析说理性语言的一个基本方法，本书后面的章节有一些练习，帮助大家学会使用这种四步分析方法，在说理时多一分自知自觉。

在日常生活的对话中，一般的说理只有声称和原因两个层次，就像那两个妈妈一样。说话者经常将原则和立场隐去，我们很难想象，朵朵和子明的妈妈将隐含的原则和立场说出来，对孩子说话像上政治课那样上纲上线。而且在很多情况下，说话者自己也未意识到搬出来的理由后面还有什么更深更广的原则和立场,所以无法说彻底。但不论原则和立场有没有被说出来,它们是客观存在的,决定了说理的分量,听者能够感受到,这就是语言中只可意会、不可言传的部分,属于"你懂的"语境范畴之中。

说理的理就在这里没有明说出来,但能感觉得到比较深的层次——"原则和立场"。这有点像有些西方国家社会的政治现象:站在前台的总统和议员往往决定不了国家的前途,其背后普通百姓不熟悉的金融财团才是国家命运的主宰。要看懂政治,先要看懂隐性的金融脉络走向;要研究说理,也需从隐性的原则和立场入手。

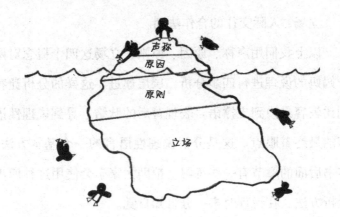

有效选择：什么类型的说理孩子容易接受？

在日常语言中我们用了大量的千奇百怪的理由去证明自己的观点，从内容上来看，说理的花样似乎层出不穷，而且大多数人用的理由都是冠冕堂皇的。面对眼花缭乱的各种理由，我们需要练就一双慧眼去识别其善恶美丑，以及认清说理过程对他人影响的效果。比如下面一段对话：

背景：莉莉（4岁）在地板上玩拼图玩得很开心，快到吃晚饭的时候，妈妈突然拿出一件衣服要莉莉换上，那件衣服是外婆给莉莉买的。那天是莉莉的生日，外婆要过来吃晚饭，庆祝莉莉生日。

妈妈：过来，我们把这件外套穿上。

莉莉：不要穿。

妈妈：一定要穿上，你身上的衣服脏了，换这件，等一下过生日。

莉莉：我要那件粉红的衣服。

妈妈：粉红的下次穿，今天穿这件。

莉莉：不想要这件。

妈妈：这件衣服是外婆买的，花了好几百块钱，穿上它过生日，等下外婆看了一定很高兴。

莉莉：不要嘛。

妈妈：别任性啊，你不穿外婆买的衣服，她会不高兴的。你想让外婆不高兴吗？（走到莉莉跟前，将外婆买的衣服给她穿上。）

（莉莉闷闷地坐在地上，停止玩耍。）

在以上的对话中,妈妈用了一个非常有"人情味"的理由——让外婆高兴,"成功地"让莉莉穿上了外婆买的衣服。但显然,妈妈的"劝说成功"是以莉莉的不开心为代价的,莉莉的肢体语言(停止玩耍)表明了她的心情。莉莉为什么会不开心?难道真是她不领外婆为她买衣服的好意,不愿意让外婆开心?我们用四步层次结构论来分析一下妈妈的语言:

声称:穿上外婆买的衣服。

原因:外婆花了好几百块钱。

穿这件衣服,外婆会高兴,否则外婆不高兴。

原则:花很多钱买的衣服应该要穿。

穿衣服一定要把买衣服的人的心情和好意放在自己意愿之上。

立场:自定的原则(不是所有人都认同贵的衣服一定要穿)。

情感敲诈(行为由别人的情绪而定)。

当我们用层次结构论一层层分析下来,到了立场这一层,就会水落石出,发现真正的问题在哪里。莉莉不开心的原因是因为妈妈的语言有隐性的情感敲诈的胁迫力量,这种力量强大而又难以表述,因为它以善良温情的面目出现,让人心理上感觉不舒服,但意识中难以驳斥。应该说妈妈的行为可能是情急之下的"应急反应",并不是有意为之,但妈妈的言行似乎对莉莉太不公平，莉莉有权选择自己要穿什么衣服，尤其是自己生日那天，但这种选择权竟然被"让外婆高兴"取代了，真是委屈了莉莉。如果妈妈经常用情感敲诈式的语言让孩子顺从自己的指令，其实是培养孩子对他人"逆来顺受"的心理特征，让孩子丧失追求自己正当权利的意识，在将来的人际交往中处于被动弱势地位。

在以上的例子中，我们再次看到，分析说理性语言，其实就是要找到其最终的立场是什么。立场是整个说理层次的终极支撑，是最关键的一层。说理的四个层次是从表象到本质的一层层递进，概念泛化的关系，到了立场这一层，说理的本质彰显，概念无法再继续泛化，就成了说理层级的最后一层。声称和原因的式样是无数的个性现象，这种表象千变万化，但个性现象背后的本质却有恒定性，即立场有其稳定性，且变化有限，于是立场成为说理类型划分的依据。

从各种规则制定的源头上，韩茹凯将立场分为以下类型：

一、**逻辑型（logical）立场**：基于自然规律和逻辑推理

例如：玻璃杯砸在坚硬的地上会碎。

纸是树做的，浪费纸就是浪费树。

二、**社会型（social）立场**：基于社会各种人群和机构制定的规则

例如：在中国的婚礼上，新娘要穿红色。

在学校要遵守老师的规定。

逻辑型说理立足自然法则，自然法则恒定性强大，不以人的意志为转移，充满正能量。但社会型说理因立足于人为设定的社会规则，比较变动不居，正负能量皆有。社会规则可以用两个不同维度来划分，第一个维度是依据社会规则的制定者，第二个维度是依据社会规则中人群之间的关系。

依据社会规则的制定者，社会型说理的立场有以下三类：

1. 小群体型（local）：规则制定者是个人或小集团，突出个人权威，而且规则只在小范围内使用，未得到广泛的认可，其随意性和不确定性很大，有时会出现奇葩现象。

比如：这家公司的老板规定员工上岗前要集体操练"小苹果"。

这位语文老师规定写错一个字要重抄一百遍！

与以上规则相对应的说理形式可能会是这样：

- "你这个月不能拿全额奖金，因为违反了公司规定，上岗前未参加集体操练'小苹果'。"
- "语文老师今天要给你训话了，因为你作业中的错别字只抄了98遍。"

以上两个例子比较极端，因为我想在此处凸显小群体型说理的局限性，以及可能由这种局限性而产生的荒谬性。在家庭教育中，很多家长用小群体型的说理跟孩子交流而未察觉，比如："不要碰那个桌子，那个桌子上都是大人的东西，小孩不能动。""回书房去读书，客厅不是读书的地方。"这个类型的语言从家长的角度来说是合理的，因为这是家长自己理解的这些规定背后的原因：桌上的文件是明天要向老板汇报的，孩子不能把它搞乱，否则自己显得不敬业；客厅里人多、事多会影响读书效率，而书房比较安静，读书效果会更好。但从孩子的角度来看，他们可能不知道这些规定背后的原因，只知道那是爸爸妈妈的规定和限制。如果家长不把一些家庭常用的规定背后的原因说出来，只是用自己作为家长的权威去设置孩子行为的界限，交流时只说这种界限，不说其更深层次的原因，就成了依据个人权威的小群体型的说理语言，这种语言限制了孩子理解周围事物的机会，同时规范孩子行为的效果也大打折扣。

如果在家庭中经常出现"你要这样，因为妈妈（爸爸）说了……"式的语言，那就是小群体型的说理性语言在主导交流，这种交流形式对孩子会有压迫感，就像在一个公司里员工经常面对"老板说了……"这样的话，长此以往，个人主导性丧失，思维被局限。

2. 社会群体型（communal）：规则制定者是比较大的社会势力，如宗教团体、民族团体或约定俗成的传统。这些规则虽然没有法律上的强制力，但对人的行为和思维的约束力非常强大，有时甚至超过法律力量。

比如：基督徒的婚礼应该在教堂举行。

男孩子要坚强，有泪不轻弹。

与以上规则相对应的说理形式可能是这样：

- "你们是基督徒，婚礼在圣约翰大教堂举行，由霍华德牧师主持。"
- "你是男孩子，摔一跤就哭成这样，真没出息，这怎么像男孩子？"

和小群体型的原则相比，社会群体的原则力量更强大，因为这些原则被更多的人了解和接受。但社会群体的规则有鲜明的地域和文化的差别，此处通行的规则在别处有可能是禁忌。比如用手抓饭吃，在有些国家和地区是最正常不过的用餐形式，在另一些国家和地区就可能被认为不文明、不卫生。

用社会群体的原则和孩子说理要注意甄别，很多大家都接受的传统原则可能是不合理的。比如男孩子哭就是没出息，因为男儿有泪不轻弹；凡事要让着弟弟妹妹，因为他们年龄小……这些中国传统中习以为常的规则并不适合所有的情境，如果男孩子真的感到伤心，想哭的时候还要被剥夺哭的权利，这对男孩子是双重打击，不利于他们身心健康的成长；弟弟妹妹年龄小不能成为他们处处获得优先权的理由，这既会让大孩子受委屈，也可能会让弟弟妹妹有恃无恐、横行霸道，对孩子的人格发展不利。

3. 权威型（institutional）：规则制定者是社会权威机构，有强制性和法律约束力。

比如：7岁以上的孩子必须上学。

有暴力犯罪前科的人员不能在幼儿园工作。

与以上规则相对应的说理形式可能是这样：

- "你的孩子已经超过7周岁，应该让他上学，这是国家的规定。"
- "你们幼儿园的门卫必须立刻离职，因为我们发现他有暴力犯罪的历史。"

权威型的规则在社会型的规则中属于力量强大的一类，因为权威机构在社会上是主导力量，其规则的执行有权威和法律力量的支撑，普通人无法反抗。此外，权威机构的规则一般比较符合社会发展和大多数人的利益，有其合理的因素。比如7岁的孩子应该上学，因为到了这个年龄，孩子的社会性发展和认知发展都达到一定水平，具备了离开家庭、参加学校集体教学活动的能力，而且学校教育有家庭教育不可替代的作用，这个年龄的孩子需要学校教育；有暴力犯罪前科的人不能在幼儿园工作，因为很多有暴力犯罪史的人心智不健全，而幼儿园的孩子年龄小，非常弱势，太容易让图谋不轨的人的不良企图得逞，这项规定是为了保护幼儿的安全。

用权威型的规则和孩子说理时需要跟孩子解释这些规则背后的理由，不要用权威吓唬孩子。比如，很多家长喜欢用"警察抓坏人"来威慑孩子不要干"坏事"，给孩子灌输"不听话就要被警察抓"的错误信息，这是一种极其负面的说教。没错，干了坏事的坏人会被警察抓起来，这是国家安全部门制定的规则，但抓坏人的目的是为了维护社会正常秩序，保护好人。而且警察抓的坏人都是成年人或准成年人，警察从来不会抓年幼的小孩。相反，孩子是警察的保护对象，孩子在遇到危险的时候要积极寻求警察帮助。如果家长经常用警察来吓唬孩子，会让警察在孩子心目中树立一个可怕的负面形象，孩子在关键时候不知如何正确地寻求帮助，有极大隐患。权威机构只是力量强大，不是力量可怕，要让孩子对权威机构有正确的认识。

社会规则还有另一个角度划分，即人群之间的关系。从这个角度来看，说理的立场有两类：

1. 合作型（cooperative）：在合作的规则中，人和人的关系是平等互惠的，以建立公正和谐的关系作为行为和思维的指南。

比如：有人睡觉时其他人要保持安静。

看到有人被冤枉，要勇于支持被冤枉的人。

与以上规则相对应的说理形式可能是这样：

- "现在是小朋友睡觉的时间，要小声说话。"
- "我想为那位年轻人做证，因为我看到是那个老人自己摔倒，这位年轻人好心将她扶起，现在这个老太太反而诬陷年轻人将她推倒，太可耻了。"

合作型的规则是社会规则中最有正能量的，因为它符合人类共有的基本人性和社会存在与发展的基本需求，用合作型的规则说理有时和用自然法则的说理有同等效应，因为人类的本性是一致的，比如睡觉时需要安静的环境，被人冤枉时感到悲伤委屈……这些本性不容易随时空变化而变化，所以立足于人类本性的合作型规则容易引起共鸣，说服人的力量是强大的。

家长在用合作型的说理去规范孩子行为时，注意要引起孩子的情绪共鸣。比如，家长说："你不能拿这个小汽车，这是畅畅的。"这句话虽然也是合作型说理，但不够强大，再加一句："你拿走了，他会伤心的，就像上次你找不到自己的蜘蛛人一样。"这样的说理用了情绪上的共同体验，会更容易说服孩子，比只说"你不能拿这个小汽车，这是畅畅的"要有效得多。

2. 胁迫型（coercive）：在胁迫规则中，人和人的关系是不平等的，有一方压迫另一方的力量。这种力量又分为以下三种形式：

1）威胁：在威胁中，一方用惩罚的手段（失去利益）或可能发生的严重后果迫使另一方顺从自己的意愿。

比如："这次考试没进入前十名的人，就没有资格出去旅游。"

"你不买房子，我们的关系就持续不下去。"

威胁性的语言能够产生，是因为一方有操纵另一方利益的能力。对幼小的孩子来说，家长是他们命运的主宰，家长能控制他们所有的利益，孩子在家长面前是极为弱势的。正是因为有这样的前提存在，威胁性语言在家长和孩子的交流中出现频率非常高，只是很多家长因为抱着为孩子好的初衷，没意识到自己的语言是威胁，对孩子有负面影响。比如，一个父亲看见他的儿子在做作业时吸吮手指就说："跟你说了很多次了，学习时不许把手指放到嘴里，再让我看到你把手指放到嘴里，你就不要给我学了！"其实很多孩子吸吮手指是一种情绪紧张的表现，家长的威胁只能让孩子更紧张，加重这种行为。正确的方法是帮助孩子解决学习中的困难，可以问一句："是不是有什么难题啊，需要指点吗？"这样的语言会让孩子情绪放松，吸吮手指的行为会自然消失。有些家长的口头禅：你如果怎样怎样，不要给我吃了，或不要给我玩了，或不要给我学了……表现出强烈的操纵孩子行为的意愿和力量，这都是

威胁性的语言，绝不可取。

2) 贿赂：这是另一种胁迫力量。在贿赂中，一方用比较让对方动心的利益去诱使另一方顺从自己的心愿。

比如："上幼儿园不哭，妈妈给你买糖。"

"我给你买大别墅，只要你愿意娶我。"

贿赂有时和鼓励相混淆，很多家长用物质奖励去刺激孩子进步，以为这是鼓励，是有效的教育方法，却不知自己是在用贿赂引导孩子成为受利益驱使的小小受贿徒。鼓励和贿赂是有区别的，前者是说话者给行动者的一种积极的情绪体验，提高行动者达到目标的动机，比如："我知道你能考好，因为你做了非常认真的准备，实力提高了。"这是说话者对行动者作出积极的判断，是一种信任，会提高行动者的自信心，从而增强达到目标的动机。后者是说话者另设立一个有诱惑力的目标，用行动的结果去刺激动机，比如："你一定要考好，考好了就有新手机。"

鼓励是和人的行动情绪体验相联系的，实现目标过程本身就会带来满足感，行动动机是内在的加强，有可持续性。贿赂和外在的奖励相联系，满足感不是来自实现目标本身，而是行动结果之外的奖励，行动动机是从外部加强，有不可持续的隐患，一旦奖励分量不足，动机即丧失。现在很多西方幼儿园不鼓励老师用"小贴士"（类似中国"小红花"）来表扬孩子，就是因为这种做法有"贿赂"的成分，让孩子过于重视行为的结果和物化的奖励。

当然不是所有的奖励都是贿赂，有时奖励不提前说，而在行动完成之后公布，给孩子一个"惊喜"，效果会更好。 比如孩子考试成功，突然宣布一家人痛快地出去玩一次。这样的惊喜让孩子感受到他的成就能够给自己和大家带来许多快乐，印象会更深刻。如果事先已经许诺：考得好就出去玩，那会让孩子觉得，后面的事情无论怎么精彩，都只是应有的回报而已。

3）情感敲诈（emotional blackmail）：情感敲诈是一种比较隐秘的胁迫力量，属于披着羊皮的狼外婆之类的以善良美好形象出现的侵犯性行为。**情感敲诈的特征是利用人性善良的一面，诉诸内疚感、羞愧感之类的消极情绪，去迫使人顺从自己的意愿。**

比如，有些父母用"苦肉计"去激励孩子，就属于情感敲诈。

"你一定要好好学习啊，妈妈为了陪你读书，把工作都辞掉了。你再读不好书，会把妈妈的心伤透了……"

这种类型的话听上去很动情，很感人，父母愿意为孩子付出一切，真是可歌可泣啊！但事实上这些言语贻害无穷，它是把父母悲催的情绪体验和孩子的学习结果联系起来，让孩子觉得如果学不好，父母的悲催境地就是他一手造成的，由此感到羞耻内疚，其中的胁迫力量是非常强大的。这种苦肉计的本质是：我为你付出一切，你不努力就对不起人！如此将孩子置于消极情绪体验的威胁中，逼迫孩子采取行动去回避这种消极情绪体验。这样的苦肉计让孩子在整个行动过程中，毫无快乐可言，从长远来看，有可能最终消灭孩子真正的学习动机。

我们很难想象，充满悲情能量的父母能够培养出自信健康、能力出众的孩子，因为孩子还没有起飞，他们的翅膀已经被"内疚""羞愧"之类的生命中不可承受之重压坏了。

- 说理特别类型：重言式（tautological）

除了以上几类说理类型之外，还有一种另类假性说理——重言式说理。**重言式说理是形式上有"因为……，所以……"这样的连接词，但实质上是没有原因支撑的假性说理**，比如家长对孩子说："杯子放在那儿，因为我说了杯子要放在那儿。"这句话其实只是单纯的命令，没有理由，"因为我说了……"可以套用在任何命令中，是一种加强霸道语气的命令。与此相似，"我要这样做，因为我喜欢这样做"也是重言式说理，这种语言表达的只是情绪，一种没有理由背书的固执情绪。

正常人发出一个指令或喜欢一样事物的背后都是有原因的，有时说不出原因只是当事者不知道原因在哪儿，而不是没有原因。说不清自己为什么要做一件事情，或喜欢一件事物的原因是糊涂的表现，但很多人把它当成可爱率真的表现。比如，有些女生用"我就是喜欢嘛"作为自己行动的依据，还非常理直气壮。碰到这类女生，大家比较头疼，觉得沟通不下去，其原因就是她用了"重言"这种"万能理由"，让人无法理论下去。这种语境其实是情绪主宰的语境，不是本书的重点。

综上所述，说理类型主要是八大类，我们按其说理效果，即语言所含正负能量来排列，其顺序依次如下：

- 逻辑型（高度正能量）
- 合作型（正能量）
- 权威型（大多数正能量）
- 社会群体型（正能量和负能量混乱）
- 小群体型（负能量）
- 威胁、贿赂、情感敲诈（高度负能量）

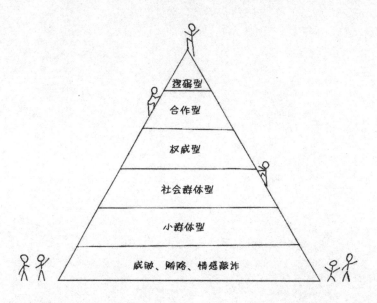

请记住这个说理"类型排行榜"的顺序,这个顺序在很大程度上决定我们说理性语言的说服力量,在日常交流中我们需要尽量使用正能量的说理性语言,避开负能量类型。不论是成人还是孩子,都比较容易接受正能量的说理。

一点比较：正能量和负能量的说理区别在哪里？

作为学前教育工作者，我有很多机会接触家长，我经常向家长宣扬用正确的说理方法来规范孩子行为的重要性，但也经常听到家长反馈："我的孩子什么道理都听不进去，好话说了一箩筐不顶用，最后还是威胁吓唬见效。"

威胁吓唬真的见效吗？在"类型排行榜"上，威胁性说理是负能量极高的类型，为什么家长会觉得威胁吓唬见效？难道教育实践中有"负负得正"现象，好像棍棒之下出孝子一样？

家长在此说的所谓"见效"，其实就是孩子立刻听了自己的话，遂了自己的心愿，做出家长认为正确的行为。

如果家长只想要眼前的这点效果，打骂威胁无疑是效率高的方式，贿赂也可能是不错的选择。但如前文所述，威胁和贿赂运用的是胁迫的力量，这种力量孩子感受得到，而且会寻找机会挑战这种力量，其有效性不能长久。更糟糕的是，胁迫力量的长期使用会让孩子的人格扭曲，要么在此力量中沉默，变得唯唯诺诺，要么在此力量中爆发，变得暴力和骄横。此外，家长对孩子使用威胁和贿赂性语言也是由于成人与幼儿在力量上的不对等造成的。对于成人而言，威胁和贿赂幼儿是一件比较容易做到的事。

我们来看一下萧萧（4岁2个月）和妈妈的一场对话和表现。

情景：萧萧和妹妹（2岁）边看电视边吃饭，围着沙发跑来跑去，妈妈追着他们喂饭。如此喂了将近一小时以后，妈妈有些不耐烦了。

妈妈：吃要吃得快，吃慢了你就没东西吃了。明天妈妈去买一个钟，等到它"叮"一声叫了，就停住，大家就不能吃了。听见没有？

萧萧：嗯，听见了。

妈妈：从明天开始，自己吃饭，不可以要妈妈喂。要妈妈喂就没有吃的，什么东西都没有吃的，冰激凌没有，巧克力也没有，好吃的东西都没有！

萧萧：嗯，我要吃彩虹冰激凌，我喜欢那个。

（萧萧随后走到妈妈跟前，张开嘴吃下妈妈喂来的一大勺的饭。）

在这段对话中，萧萧的妈妈其实是威胁和贿赂的力量都用上了，其说理层次结构如下：

声称：吃要吃得快。

　　　不需要妈妈喂饭。

原因：吃得慢就没有东西吃。

　　　要人喂饭就没有好东西吃。

原则：吃饭速度和有没有东西吃相联系。

　　　能不能独立吃饭和有没有好东西吃相联系。

立场：威胁＋贿赂（立足于惩罚和物质奖励）。

萧萧的妈妈在喂饭的不耐烦过程中对萧萧威胁和利

诱并用，要求萧萧以后能自己吃饭。她的主观愿望是好的，希望萧萧独立吃饭，有自己的事情自己做的独立精神。但她用了胁迫力量，让萧萧产生恐惧（怕失去彩虹冰激凌），也让萧萧非常顺服地吃一大口饭。萧萧用这种行动表示他要吃饭吃得快，虽然还没有自己独立吃饭，但也部分满足了妈妈的愿望，从而避免失去最喜欢的食品的惩罚。这看似妈妈的目的达到了，但实质上萧萧的喏喏服从，正是萧萧妈妈想培养萧萧独立精神的反面。也许有一天，萧萧在妈妈的威胁利诱下能够自己吃饭，他有了独立吃饭的能力，但这是服从的结果，并不是真正的独立精神，即能够主动选择、做出决定的能力。

用胁迫的力量去培养独立精神可能比缘木求鱼更不能达到目的，不但白耗力气，还会适得其反。

在以上的对话场景中，我们也感受到萧萧的妈妈无形中培养了萧萧一些不良习惯，灌输给萧萧一些负面信息，比如吃饭时可以看电视，可以跑来跑去；冰激凌和巧克力是美味，是需要努力争取的奖励……这些信息都反映着萧萧的妈妈如何潜移默化地塑造萧萧的习惯和认知，对萧萧未来的人格成长有着不可忽视的消极作用。

以上用萧萧的例子说明和孩子说理时不能只关注于眼前孩子是否服从了自己的指令，而要看其长远的对孩子人格塑造的作用。胁迫性的说理虽然能够让孩子很快服从指令，但那是不可取的力量，真正有效的说理的力量来自"类型排行榜"上的正能量说理，其中最重要的是逻辑型说理。我们再看另一段对话，这段对话发生在诗雨和妈妈之间。

背景：诗雨（4岁8个月）要吃饼干，妈妈打开饼干盒，诗雨拿了两块饼干，她吃了一块饼干就觉得饱了，另一块吃不了，就拿在手里，妈妈看在眼里。

妈妈：另一块饼干吃不完就放回去啊。
（诗雨把手中的饼干放在饼干盒里。）
妈妈：要把盖子盖上，不然饼干就不好吃了。
诗雨：怎么不好吃了？
妈妈：饼干不盖上盖会变软的，不是脆脆的那么香了。
诗雨：为什么呀？
妈妈：因为空气里有水，会慢慢把饼干弄潮湿。我们把饼干盒盖子盖上，就能保护饼干。
诗雨：盖上就不让水进去。（将饼干盒的盖子盖上。）
妈妈：对了，不让水进去，下次吃饼干还是香香的。

在这段对话中,妈妈用语言引导了诗雨两个行为:第一,吃不完的饼干放回饼干盒里;第二,饼干盒盖子要盖上。对于第一个行为指令,妈妈并没有解释原因,如吃不完的饼干要放回去,留着下次吃,不浪费等。妈妈的潜意识中可能认为诗雨懂这个道理,不需要解释;对于第二个行为指令,妈妈解释了原因,其说理层次结构如下:

声称:要把饼干盒的盖子盖上。

原因:不盖上盖子,饼干会变软。

原则:空气中的水份会把饼干弄潮湿。

立场:自然法则。

在这个对话中,因为诗雨问一句"为什么",妈妈在说理中把"原则"(空气里的水份会把饼干弄潮湿)说了出来。这在日常对话中并不常见,如果孩子不刨根问,家长一般不会主动说出原因背后的原则。但是,在用说理性语言指导孩子行动时将理由背后的原则说出来，一般会加重语言的分量，更容易促使孩子按指导方向行动，尽管有时候原则看似深奥，好像超出孩子的理解力。**但事实是，孩子的理解力经常高于我们的想象，成年人对此经常误判，以为孩子什么都不懂**。比如在这场对话中，显然，诗雨不完全懂妈妈说的空气中有水会把饼干弄潮湿的确切含义，但她领悟到这种看不见的水对脆脆的饼干的破坏性，饼干需要保护。所以她立刻回应妈妈的"大道理"，强调说"不让水进去"。在强调"不让水进去"时，她也有种潜意识的表现：看！我是足够聪明的，我能够理解这些"玄乎的道理"（实际上她仍有些困惑），然后按妈妈说的，盖上饼干盒盖子。但诗雨的行动与其说是完成妈妈的指令，不如说是以行动表现自己的理解力，其中诗雨已经融合了自己的主观愿望，这和萧萧服从妈妈是截然不同的。

此处再次强调，埋藏最深的"立场"是说理性语言中最重要的部分，是"理"的根本立足点，也是决定说理有没有力量的源头。萧萧的妈妈和诗雨的妈妈用了不同的立场去说理，她们对孩子的行为和思维方式会产生不同的影响。萧萧的妈妈用胁迫力量去引导萧萧的行为，只能带来短暂的服从，而且不利于萧萧独立人格的养成。从长远看，胁迫力量会失效，因为这种力量能够被孩子挑战，一旦挑战成功，就会带来不服从。我们设想，如果下次萧萧吃饭慢了，妈妈把食物收起来，把好吃的东西藏起来，萧萧不甘心，挑战妈妈定的规则，比如趁妈妈不在厨房，从冰箱里拿到自己想吃的东西。一旦这种挑战行为成功，妈妈的威胁和利诱将不再起作用，妈妈作为家长的权威感将大大损失。"哪里有压迫，哪里就有反抗"，胁迫力量容易诱发叛逆，这对成人、对孩子都如此。再看诗雨的妈妈，诗雨的妈妈用的是自然法则的力量，这个力量是恒久的，无法被孩子挑战。我们也可以再设想，诗雨不听妈妈的话，就是不想盖上饼干盒的盖子，她最后得到的结果就是一堆软绵绵的饼干。她可以不听妈妈的话，挑战妈妈的指令，但妈妈话中的理是无法推翻的，她在挑战中会更深刻地认识到妈妈说的话是对的，这样妈妈作为家长的权威反而得以维护。

经常依靠自然法则的立场去跟孩子说理的家长往往更容易树立自己的权威，得到讲道理的"听话"孩子。因为自然法则是说理力量的最大源泉，家长需要懂得运用这个力量。胁迫型的说理虽然可以让孩子迅速服从指令，但用的却是最负面消极的力量，有点像饮鸩止渴。在生活中，家长有时看到孩子"不听话"，心中一着急就容易用上威胁和贿赂的语言，因为需要快刀斩乱麻地解决当下麻烦，但家长在这样的小局上的"胜出"是以孩子在"不听话"的轨道上越走越远为代价，影响了"大局"，制造了无穷后患。

其实孩子每一个"不听话"的行为中都有家长以前管教不利的历史渊源，孩子的"不听话"行为在很多情况下是父母给予太多的负面刺激造成的。我在后面的一节中会对"不听话"现象再作解读。此处需要表明的是，无论何种情形下，胁迫力量（威胁、贿赂、情感敲诈）是最不可取的力量，家长需要有意回避这种类型的语言。

再说点题外话，"棍棒之下出孝子"是一个没有科学论证的假说，教育学和社会学研究没有任何数据说明，棍棒（暴力）下出孝子的比例超出正常家庭，倒是有研究数据说明，成长于暴力家庭，长期处于棍棒或拳头下的孩子，成年后出现暴力侵犯行为的比例远远大于正常家庭的孩子（Gunter & Kessler, 2023; Miller & Black, 2021; Widom & Maxfield, 2022）。事实上是"棍棒之下出逆子"可能性更大，个别狼爸狼妈用棍棒打出上名校的孩子并不能代表这种模式的成功，何况上名校本身也不代表成功的人生。

教育实践中永远没有"负负得正"的现象，大量使用暴力行为的家教只能得到人格扭曲的孩子，同理，大量使用负面语言（语言暴力）的家庭也容易得到叛逆的孩子，这是一个不应该有争议的教育的基本规律。

一点延伸：深度了解"理"的力量源泉

说理的立场有两个最根本的分类，如前文所述，一是以自然法则为依据的"逻辑型"立场，二是以社会法则为依据的"社会型"立场（Hasan，2009）。因为自然法则超出人力控制的范围，无法被挑战，用"逻辑立场"的说理相对会比较有力；相对而言，立足"社会型"立场的说理力量不会特别强大，因为社会法则是人制定的，有变动的可能性，能够被挑战。

这个原则不但适合与孩子说理，也适合成人世界任何情境的说理，此处将该原则推广，跳出家庭的范围，从更广泛的社会历史的角度将两种基本说理方式作一个对比，让大家对"理"的源头有更深刻的认识。

　　用逻辑立场的说理有时有"四两拨千斤"的作用，可以超越说话者的身份地位，赢得交流中的主导权。比如，在20世纪60年代的美国，有个有名的黑人嫌疑犯在法庭上逆袭法官的案件。当时美国黑人的社会地位比较低，一个白人法官要判一个黑人谋杀罪，理由是他在死者被谋杀的夜晚正好就在谋杀地点的附近。这个理由尽管不充分，但这位黑人至少有重大嫌疑。黑人在20世纪60年代的美国被认为有更严重的暴力倾向，再加上这位黑人有犯罪前科，更容易被指控为这起谋杀案的嫌疑人，情况对这位黑人很不利。这位黑人请不起律师，他思索一夜，决定为自己辩护，他用了一个非常有力的理由，也是一个被法官疏忽的细节：谋杀现场有两辆汽车的轮胎印，这两辆汽车在第二天早上距离谋杀现场的百里之外被发现，他无法在短时间内将两辆汽车弄到百里之外，因为他无法同时开两辆车！这个理由一摆出来，顿时让法官无语，法官的傲慢和嚣张气焰立刻被打压下去。如果法官继续判这个黑人有罪，他便是当众表明自己是一个没有逻辑思维能力的傻瓜。法官不得不慎重审案，重新关注案件中的细节证据。

　　中国历史上也有出自草根的人物，凭着"三寸不烂之舌"，以"理"说服君王，影响天下格局的故事。最有名的当属战国名嘴苏秦，苏秦让人记住的是他游走六国，说服燕、赵、韩、魏、楚、齐组成六国联盟，合力对抗实力强大的秦国，为战乱不断的战国时期带来15年的冷战和平期。

苏秦说服诸国有一个特点：用数据说话，而不像低一档次的谋士仅仅晓以利益。他对每一个国家的地理形势，人口数量、质量，兵力布局，粮食库存等都有研究，说明观点时能够旁征博引，论据充分，从而打动君王的心。比如，他劝说赵国国王不需畏惧与秦国撕破脸时，就提到赵国地域纵深两千余里，拥精兵十余万，战备储粮十年有余等。用客观的数据引证观点就是逻辑型的说理方式，苏秦其实用高于国王权威的自然法则的权威为自己的观点加分，这是他的法宝。当然苏秦能够使用这种法宝，得益于他成名之前的刻苦研究，博览各国书籍。为此苏秦还受了他的嫂嫂许多白眼，不懂"数据收集与分析意义"的嫂嫂觉得他用大把时间看闲书，是个废物，于是嫂嫂将他扫地出门。苏秦最后位至六国丞相，荣归故里，以成功逆袭"羞辱"了他的嫂嫂，证明了时间花在读书上的非凡意义。苏秦的故事也说明，所谓"三寸不烂之舌"的背后是专研的"苦功"，而非仅仅是洞察人性的高情商。

掌握知识，即了解世界万物的规律，永远是通向成功的奠基石。

逻辑型说理的力量在社会的各个场合中无所不在，能够帮助草根逆袭，争夺话语权，但这也需要正常的社会环境，在一些不正常的社会语境中，逻辑型说理也会失灵。苏秦是幸运的，出生在秦灭六国之前，六国国君的思想比较开放，如果他晚出生些许年，碰上"指鹿为马"的赵高，他的"三寸不烂之舌"不但没有价值，还会烂得很惨。赵高是秦二世胡亥倚重的宦臣，曾驾驭皇室，权倾朝野。赵高为了检验大臣对他忠心的程度，就在朝堂中牵来一头鹿，他指着这头鹿说这是匹马，要大家辨别是鹿还是马。有人跟着他说是马，有人直言说是鹿，最后说是鹿的都被赵高暗暗除掉。赵高用指鹿为马这种极端的违背常识的方式愚弄大臣，无非是想凸显其权势的力量，骄横之态达到了极致。

在"指鹿为马"的语境当中，个人权威压过自然法则，权威者说一不二，正常人搬出什么逻辑型理由都不会起作用。但这种语境属于非正常语境，一般长久不了。赵高很快就被灭了，其个人权威随之烟消云散，只剩下"指鹿为马"这个典故了。

检验一个社会正不正常，从交流语境的主导力量中就能窥见一斑。正常的社会一定是尊重逻辑型法则，即真正的讲道理的社会，一定要避免"指鹿为马"似的交流语境发生。

所谓"天理昭昭"就是指反映事实真相的自然法则有着无可辩驳的权威本质，这个权威是人为因素不可挑战的。"人定胜天"从来就是一个伪命题，因为自然法则不以人的意志为转移，人类无法胜出。在说理性的交流中"人的法则"（社会规则）也永远无法超过"天的法则"（自然法则）。

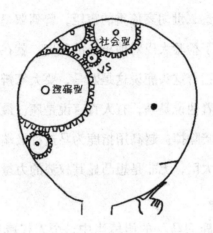

当我们强调以自然法则为基础的逻辑型说理的力量时，并非全面否认社会型说理的价值。人类存在于自然和社会两重世界中，很多社会规则基于人性的本质特点和社会的共同需求而定，是合理而必要的。基于社会规则的社会型说理也有其力量源泉，如前文提到的子明的妈妈用"尊重他人感受"这种人类共性需求的合作型原则去规范子明的行为（不要用外号称呼人），也是有力量的。

但社会型说理往往有可能存在争议，因为人的感受会随情境而变。我们还是用子明妈妈的说理为例，子明妈妈要求子明不要说蔡叔叔的外号（歪歪大叔），她用的理由是"一般人不喜欢被人叫外号"。这个理由其实是可以有争议的，外号如果是根据人的缺点、弱点取的，当事人自然不喜欢，但如果外号是根据人的优点取的，当事人可能会喜欢，如《水浒传》中那些梁山好汉的外号大多是响亮帅气的，好汉们很享用这些外号。武松对那些称他为"打虎英雄"或"行者"的人一向和善，但如果哪个人称他为"杀嫂武松"，可能就要遭他一顿暴揍了。

用社会规则说理时，需要更加谨慎，限定社会情境，以增强"理"的分量。如果子明的妈妈向子明说明"歪歪大叔"这样的外号的性质，说出这个外号是一些不友善的人嘲笑蔡叔叔头有些歪而起的，称呼这个外号会让蔡叔叔难过，所以不要说蔡叔叔的外号。这样的说法其实会让子明更加明白，在情感上有更多共鸣，更乐意配合妈妈的指令。

和以自然原则为依托的逻辑型立场的说理相比，以社会原则为基础的社会立场的说理更加变化多端，影响力也非常不同。用社会型立场说理时需要一点甄别判断能力。回到与孩子说理的话题中，家长在能够用自然逻辑规则说理时，尽量用逻辑自然规则。在需要用社会规则说理时，尽量用符合人类本性的合作型说理。

　　如此原则可能说来容易，行之不易，因为生活中形形色色的情境太多，我们如何坚守这个原则？这需要我们熟练运用本章中说的理解层次四步分析法，在纷乱的花花世界中练就一双识别真理的慧眼，下一章我们解读案例，学会分辨说理的成功和失败之处，作为借鉴。

第三章

解读案例：说理的成与败

上一章我们解读了说理的层次和类型,了解了"层次四步曲"和"类型排行榜"。有了这些知识的铺垫,我们再看生活中千奇百怪的说理现象就多了一个思维角度,多了一个穿透表象、直达本质的思考工具。但思考工具要运用熟练,也需要一定的操练,这和使用机械的操作工具的过程是同理的。在这一章,我们通过一些案例,学习怎样用说理的层次结构和基本类型去解读我们日常语言的功效,看看哪些语言是正能量语言,对孩子的思维和人格塑造有帮助,哪些语言携带负能量,需要尽量规避。

在日常生活中,说理性语言最频繁地用于规范孩子行为当中,属于"规范性语境"(Regulatory),和行为导向相关;有一些说理性语言用于解释事物现象中,和行为导向无关,属于"非规范性语境"(non-regulatory)。在这一章,我们观察这两种语境中妈妈和孩子的对话,分析一些妈妈如何用说理性语言规范孩子的行为或解释事物现象,辨别她们语言中合理以及不合理之处，最后再对家长比较关心的"不听话"现象从说理的理论角度做解读。

案例分析——行为规范篇

在日常生活的很多对话中，家长需要用一些理由来规范孩子的行为，这种语境我们称其为规范性语境，有时为了规范孩子的一个行为会用上几个理由，有点像用"组合拳"，使孩子转变心意，服从指令。我们看下面五位妈妈是怎样用说理性的语言引导孩子行为的，现在让我们从第一章中所提及的有关花童和婚礼的对话开始。

案例1　花童的裙子不能弄脏

背景：娜娜（4岁9个月）从幼儿园回来，妈妈让她试穿一条新裙子，这条裙子是娜娜第二天参加一场婚礼要穿的裙子。娜娜穿上那条裙子后很兴奋，她在家里欢舞了一阵后,走到冰箱前面,打开冰箱门找东西吃,这时妈妈说话了。

妈妈:你要吃什么?
娜娜:我要喝果汁。
妈妈:果汁不行,果汁有颜色,会把裙子搞脏。
娜娜:我小心一点。
妈妈:不行,过来喝水(倒了一杯水),要不就把裙子脱下来。
娜娜:不要!不要!我要穿这个裙子。
妈妈:那就过来喝水,我说了果汁不行。你如果把裙子搞脏了,就当不了花童,那青青阿姨明天可怎么结婚啊?
(娜娜犹豫片刻,不开心地接过妈妈递给她的水。)

在第一章我引用了这个例子,但只是泛泛地分析了娜

娜妈妈的语言动机，展示说理性语言对孩子思维的影响，现在我用说理的四层次结构理论来分析娜娜妈妈的说理效果，看看她的话有什么问题。

声称：果汁不行。

原因：果汁有颜色，会把裙子搞脏。

　　　裙子搞脏了，就当不了花童。

　　　没有花童，青青阿姨就不能结婚。

原则：果汁的色素会沾染到衣料上留下痕迹。

　　　正常的婚礼不能接受穿着脏裙子的花童。

　　　花童的角色决定婚礼能不能进行。

立场：自然法则。

　　　社会群体法则（很多人会认为花童在婚礼上穿脏裙子不得体）。

　　　小群体法则（妈妈自己创造的规则）。

在以上的说理对话中，娜娜的妈妈用了三个理由，这三个理由是合理和不合理兼有，正能量和负能量交叉，所以她的话听上去有点似是而非。她用的三个说理链接点中，第一个理由"果汁有颜色"是逻辑型的，满满正能量；第二个理由是社会群体型的，"裙子搞脏了就当不了花童"理由比较牵强，但不至于是谬误；第三个理由"没有花童，不能结婚"是小群体型的，负能量释放，谬误显出。妈妈想用自己创造的规则去镇住娜娜，利用的是孩子的错觉，让孩子觉得自己当花童是扮演无比重要的角色，厉害得不得了，好像能掌控一切，但不懂得花童只是婚礼上的小角色，根本无法决定婚礼能否进行。妈妈将花童角色和婚礼能不能举行联系起来，是为了能够最大限度地镇住娜娜，不让她喝果汁，不能弄脏衣服。

从规范行为的效果来说，娜娜妈妈做得不错，她镇住了娜娜要喝果汁的念头。她除了用说理手段，还用了助攻手段，给娜娜有限的选择——要么穿裙子喝水，要么脱裙子喝果汁。这个助攻手段提供了给孩子尊严的回旋余地，促成了娜娜听从妈妈的指令。但妈妈说理中存在的谬误，给娜娜灌输了一些错误的婚礼常识，对于娜娜正确理解婚礼这个社会现象有误导。

更加合理的说理应该是这样："穿着脏裙子去当花童会影响青青阿姨的婚礼质量。因为婚礼很重要，很多人一辈子只有一次婚礼，所以大家希望自己的婚礼是完美的，花童穿着脏裙子就让婚礼无法完美了，这对青青阿姨很不公平！"

这样的说理，第一是依据事实，未作任何夸张；第二是依托在普遍人性的原则上的合作型说理，能够引起情绪上的共鸣，促成孩子服从指令，而且这样的说理性语言也帮助娜娜更正确地认识花童的角色和婚礼的仪式感这些社会现象。

有一点需要强调，不论跟多大的孩子说话，应该可以使用规范的"大词汇"(Sophiscated Language),而不仅仅是"孩子语言"(baby language)。我在上面的建议中用了"质量""完美"这样比较规范的词汇,因为用这样的"大词汇"跟孩子说话,不仅能够更好地促进孩子的语言和智慧的发展,而且体现出一种对孩子发自内心的尊重,即对他们理解能力有一种积极的预期(Owens,2001)。所谓尊重人,其实就是"高看"对方,"高看"孩子的理解力对他们是莫大的激励,孩子的心灵能够敏锐地捕捉到大人那种对他/她的积极态度,会理解大人的"高深语言"的。其实孩子从出生起,他们就沉浸在父母"高深语言"的环境中,父母对着一个出生不久的婴儿说一大堆话,婴儿都能懂,何况对已经会说话的幼儿用一些"大词汇"呢?在和孩子的日常对话中,无论是父母,还是老师都大胆地用"高级语言"跟孩子说话吧!

案例2　该不该对外婆尖叫?

背景:诗雨(4岁8个月)的爸爸买了披萨回家,诗雨见了开心得大叫。爸爸将披萨放到她的小桌上,她开始吃披萨。这时外婆走来,撕下一小块披萨,拿到厨房去吃,诗雨尖叫起来,诗雨的妈妈这时候说话了。

诗雨:不要,不要……婆婆!(尖叫)

妈妈：怎么可以这样呢？这样不礼貌。难道就自己吃，别人不能吃？大人要不要吃呢？

诗雨：不要！

妈妈：不要？那我们都饿死算了，好吧？

诗雨：给爸爸（吃披萨）。

妈妈：给爸爸？那妈妈和婆婆就该饿死了？

（诗雨手指向妈妈，表示也让妈妈吃披萨。）

妈妈：婆婆呢？

（诗雨垂下眼睛，默默地吃披萨。）

这场对话的背景是：诗雨对外婆分享她的披萨表现出惊恐，她用尖叫来表达自己的不满情绪，妈妈指出她这种行为不正确，力图说服她应该和大人分享食物。妈妈这番话说得有没有道理？我们用说理的层次结构来分析。

声称：不能对外婆尖叫。（怎么可以这样呢？）

原因：这样不礼貌。

大人也要吃东西。

原则：对长辈要有礼貌。

大人也要靠食物生存。

立场：社会群体法则（中国的传统是尊敬长辈）。

自然法则。

在这段对话里，妈妈的说理用上了社会群体法则和自然法则，应该是比较强大的。她也成功地阻止了诗雨独霸披萨的行为，诗雨后来垂下眼睛，默默地吃披萨就是用肢体语言表示服从，她有可能意识到了自己理亏的一面。

但在整个场景中，诗雨似乎有暗暗的不服和委屈，她对外婆尖叫的真正原因，可能不是她不愿意跟别人分享披萨，她只是不愿意外婆分享她的披萨。从这段对话中，我们也可以感受到诗雨好像不太喜欢她的外婆，她的披萨可以和爸爸妈妈分享，但是自始至终都不想给外婆吃。其实在这个"尖叫"事件中，外婆也负有一定的责任。外婆的行为有点突兀，她不打招呼直接拿诗雨面前的披萨也是不礼貌的，如果她问一句："我也想吃披萨，让外婆也尝一尝，好吗？"这样的问话显示出对诗雨的尊重，也许诗雨会乐意和她分享。当我们强调孩子要尊重长辈的同时，也要提醒长辈尊重孩子，不能无视孩子的感受。也许外婆对诗雨不尊重的行为不只是这次拿披萨，以前有一些不愉快的经历让诗雨对外婆没有太多的亲切感。

此外，还有一个问题值得商榷：家里好吃的东西是不是应该先端到孩子面前？如果爸爸不是直接把披萨放在诗雨面前，诗雨不会产生"披萨就是我的"这样的观念。如果爸爸将披萨放在妈妈面前，由妈妈主导分配，情形就很不一样了。

在这场对话中，诗雨妈妈的说理是没错的，她让诗雨认识到自己行为不对的一面，但妈妈没有深究诗雨尖叫的真正原因，没察觉到外婆不对的地方，以及由此产生的外婆和诗雨之间暗暗的隔阂，这种隔阂不消除，以后祖孙闹矛盾的事件会在家中继续上演。家长和孩子说理时，不但要理由充足给力，同时还要针对场景，分析引起孩子产生特定行为的真正原因，应景而说至关重要。

案例3　停止撞车游戏

背景：萧萧（4岁2个月）和他的妹妹（2岁）在地板上玩小汽车对撞的游戏。萧萧的力气大，他的小汽车速度比妹妹的快，总是把妹妹的小汽车撞翻，妹妹一输再输，最后受不了了，大哭起来，此时妈妈来劝阻。

妈妈：哥哥怎么能这样呢？怎么能撞妹妹的车呢？你

看这车子都撞坏了。

萧萧：（举起玩具车）那个车子本来就是破的。

妈妈：那也是你以前撞破的。车子怎么能用来撞呢？车子撞翻了，会有人受伤，有人流血，然后救护车会来，警车会来，警察会把你抓走的。

萧萧：嗯？（拿着汽车，一脸茫然地看着妈妈。）

在以上的对话中，妈妈的话语似乎让萧萧听得一头雾水，不知所措，他不知撞翻妹妹的车会导致那么严重的后果，引来警察抓他。妈妈其实在此是偷换了交流情境，把当下玩具车碰撞的情境转移到真实的汽车碰撞情境，所以"受伤流血，警察来抓"这些和玩具车不相干的事情就被带了进来。她的话听上去义正词严，但用错了情境，只是孩子分辨不出来，一下被镇住了。其实萧萧妈妈想表达的意思可能是生活中撞车是一件悲哀残酷的事情，这样不好的事情不要用游戏玩出来。妈妈下意识有这种想法，是因为跟很多人的传统思维一样，认为孩子经常玩暴力色彩的游戏会神经麻木，对残酷悲哀的事件习以为常，以后在生活中也可能会比较冷酷暴力。但事实上，玩一些暴力游戏，如枪战游戏，是不是对儿童心智发展有负面影响是有争议的。有研究表明，男孩子小时候玩枪战游戏和他们长大以后有没有暴力行为没有直接关系，这些游戏只是在发挥男孩子的英雄主义想象力，让小男孩觉得自己很强大。现实中小男孩是弱小的，但在玩具枪或赛车那样的游戏中，他们会感觉自己比较强大（Levin & Carlsson-Paige，2005；Thompson & Barker 2009）。**需要说明的是，西方国家传统观念认为，枪战游戏代表暴力，一般幼儿园和家庭禁止玩枪战游戏，而且在西方国家儿童玩具中也看不到玩具枪的影子**。关于撞玩具车，还没有研究表明这个游戏对孩子有什么非常不好的影响，但即使有影响，萧萧妈妈的语言也应该把这些游戏和真实生活的关系说清楚，而不是直接切换情境，用真实情境的可怕后果去吓唬萧萧。

我们用说理的层次结构论来分析妈妈的话语，比较容易看到其荒谬之处。

声称：不能撞玩具车。

原因：生活中撞车会有人流血。

　　　警察会来抓你。

原则：生活中有危险的事情，游戏中不能玩。

　　　警察抓玩撞车游戏的人。

立场：小群体法则（妈妈自己创造的规矩，因为她没讲清楚原则的本质）。

　　　威胁。

萧萧的妈妈说话语气非常温柔，但她温柔的话语误导了孩子的思维和判断力。她用"流血""警察"这类比较严重的后果威胁萧萧停止撞车游戏，结果是萧萧被吓唬住了，游戏停止了，但问题依然存在。妹妹照样伤心，萧萧不知所措。在这种情况下，比较妥善的方法是妈妈指出撞车游戏不公平的地方：哥哥的力气比妹妹大，能够让小汽车跑得更快，一定会把妹妹的车撞翻。然后建议一个公平游戏，比如给哥哥和妹妹设置不同障碍，哥哥要把大积木撞翻，妹妹要把小积木撞翻。这样不仅孩子的玩耍乐趣能够继续，还帮助他们了解速度和力度的关系以及公平规则在游戏中的重要性。

案例4　去不了幼儿园

背景：朵朵（3岁7个月）一家人在吃晚饭，朵朵发现爸爸提前吃完饭，放下碗筷往门外走（其实爸爸是准备出去给朵朵买一个她想了很久的娃娃家），于是出现了一家人都参与的对话。

朵朵：爸爸不出去！

妈妈：不，爸爸要出去玩一会儿。

爸爸：对，我要出去玩。

朵朵：哦，那我去幼儿园。

妈妈：你去得了吗？幼儿园晚上和周末都关门了。

朵朵：不，我要去幼儿园。

妈妈：我们没办法送你去啊。

……

外婆：我们待在家里做些好玩的东西。

朵朵：什么好玩的？

外婆：摇摇铃，我们下午做的摇摇铃，还没做完呢。

在以上对话场景中，朵朵感觉到爸爸妈妈在跟她开玩笑，所以她也用玩笑"我去幼儿园"来应答，言下之意是：如果爸爸出去玩，我就去幼儿园玩。但妈妈给了朵朵一个挑战，用"幼儿园关门了"指出朵朵的提议方案无效，朵朵无法应对，最后外婆帮她解围，用其他话题转移朵朵的注意力。从这场对话中，我们看到，这一家人之间的关系非常融洽，知道怎么互相配合，怎么在生活中用玩笑言语创造一些小乐趣。

我们来分析一下妈妈挑战朵朵提议方案的说理性语言。

声称：你去不了幼儿园。

原因：幼儿园晚上和周末都关门了。

原则：教育部门规定普通的幼儿园在晚上和周末关门。

立场：权威型法则。

从分析中我们看到，朵朵的妈妈用的是权威型的说理，这个理由比较有力，朵朵无法反驳，所以她只能固执地重复"不，我要去幼儿园"，妈妈也再次重复"我们无法送你去"，朵朵就僵住了。妈妈这样挑战朵朵，可能是想试一试朵朵能不能够脑筋急转弯，想出一个更好的方案：不能去幼儿园，就去操场啊。但朵朵显然没有想好怎么应答妈妈的话，多亏外婆解围，朵朵也就顺台阶下了。

最后爸爸成功地溜了出去，一小时后给朵朵带来一个惊喜：朵朵喜欢的娃娃家！

案例5 不知道名字的后果很严重！

背景：平之（4岁半）家里来了客人，这个客人带了一台摄像机给平之的父母。平之想玩这台摄像机，但妈妈不让他碰。

平之：我想要那个（指向摄像机）。

妈妈：那个是什么？你说说看那个叫什么名字，你不能光说那个、那个，你说了没人知道，我不明白。

平之：照相机。

妈妈：不对，这才是照相机（她展示手里拿着的手

机)。那个不是,那个叫摄像机。你不知道名字就不能拿,知道吗?就是这个道理。

(平之低着头,望着地板发呆。过了一会儿,妈妈进厨房的时候,他搬起椅子,爬到书桌上,拿到了妈妈放在柜子里的摄像机。)

很显然,平之妈妈的这个说理比较失败,妈妈装糊涂说不知平之要什么,这显然瞒不过孩子,因为她明明知道孩子要什么。然后她用了一个奇葩理由"你不知道它的名字"去搪塞,她声称的"就是这个道理"其实就是没道理。平之对妈妈说的那番话非常不买账,抱着一肚子不满意,最后他找机会违背了妈妈的命令,实现了自己的愿望。我们来看一下,妈妈用的是什么理。

声称:你不能碰那个摄像机。

原因:你不知道它叫什么名字。

原则:不知道一件东西的名字,就不能碰这件东西。

立场:小群体型法则(妈妈自设的奇葩规定)。

从这场对话中,我们再次看到小群体型法则有时可以很荒谬,而且不会很有力量,容易诱发孩子的反叛行为。如果平之妈妈换一种方式说理:"妈妈不希望你随便碰那个摄像机,因为那是一个很精密的仪器,如果拿不稳掉在地上,只要一个小零件坏了,就不能用了,那多可惜啊!

它可以为我们做很多事情呢，我一定会展示给你看，别着急。"这样的说理建立在逻辑型的立场上，会更让孩子听得进去。如果孩子的好奇心按捺不住（很多男孩子对机器有着强大的兴趣），还是要看看摸摸这个摄像机，那就因势利导，把家务事停下来，好好和孩子一起观察和探索这个摄像机的构造和功能。这其实是让孩子接触一些科学技术知识的好契机，这么好的随机教育机会不用多可惜啊！

案例分析——现象解释篇

在以上的五个案例中,妈妈们用了各种不同类型的说理,有正面的,有负面的,但这些说理都是跟规范孩子的行为有关系,属于"规范性语境"。如前文所述,生活中其实还有另一种情境的说理,那就是解释事物现象,如"现在看不到彩虹,因为彩虹一般出现在雨后",这样的语言属于"非规范性语境",和行为无关。在这"非规范性情境"中,因为家长不需要孩子去服从自己的指令,说话语气会更放松,说理形式可能不同,我们看以下几个案例。

案例1 董永为什么当宰相?

背景:娜娜(4岁9个月)和妈妈吃完饭以后讨论一

个电视剧的情节,这个电视剧她们一起看过,是由中国一个传统故事改编的。

妈妈:那,那个董永呢?你觉得他怎么样?

娜娜:他是好人。

妈妈:董永后来当什么宰相了,知道宰相是干嘛的?

娜娜:不知道。

妈妈:宰相是大官,仅次于皇上。因为董永是好人啊。

娜娜:嗯……

在以上对话中妈妈向娜娜解释了什么是宰相,一个剧情中出现但对孩子来说比较陌生的名词。妈妈的解释增加

了娜娜的历史知识，但解释完以后，妈妈的话锋又一转，给了一个评论：董永能够当大官是因为他是好人。我们分析一下娜娜妈妈语言的"理"的成分。

声称：董永最后当了宰相。

原因：董永是好人。

原则："德行"是一个人官居要位的依据。

立场：社会群体法则（中国传统中推崇的德行和社会地位匹配的重要性）。

娜娜的妈妈用了社会群体法则去解释电视剧中的情节，她用剧情强调了好人有好报的这种传统观念，让娜娜知道当好人的重要性。我在上一章节中提过，用社会群体法则说理时要警惕传统观念好坏皆有，注意甄别。"好人当大官，好人有好报"总体来说是比较正能量的观念，妈妈强调的没错，但是生活中好人官运平平或遭遇不幸是常态，今后孩子应该如何面对现实和他们观念相冲突的矛盾？其实当好人的最大好处不是能当大官，或有世俗的回报，而是当好人本身就是一件愉快的事情，因为帮助人能够给心灵带来最大的愉悦感，而心灵的愉悦和自由才是人生最大的幸福或好报，这是个更深的人生哲学问题，可能有些家长自己也没有多想这个问题。希望越来越多的家长意识到做好人的本质是跟自己的感受有关，以后跟孩子解释为什么要做好人时能够上升一个层次。

如果哪一天中国的家长教育孩子当好人，不是冲着好人有世俗的好报这个结果去的，而是强调与人为善本身就具有无与伦比的快乐价值，那时候就是素质教育在中国真正落地生根了。

案例2　站在后面的老鼠能迎接青蛙吗？

背景：子明（4岁2个月）的妈妈陪子明读一本故事书，这本书讲的是关于老鼠和青蛙一起离家出游旅行，路上经历许多新奇的事情，最后他们又想家了，回到家中的故事。读完故事后，妈妈和子明讨论书中的一个情节。

妈妈：青蛙他们到家的时候，有很多好朋友来迎接他们呢。他的好朋友有哪些？记得吗？

子明：有鸭子、小山羊。

妈妈：对了，还有谁？

子明：还有刺猬、公鸡、老鼠……

妈妈：怎么会有老鼠？老鼠和青蛙一起出去的，他在青蛙后面呢，怎么会在家门口迎接青蛙？

子明：老鼠在青蛙后面。

妈妈：是啊，在后面怎么迎接？

子明：后面不能迎接……

　　子明的妈妈在读完书后要子明回忆一些书中的细节，这是一个很好的训练孩子记忆力的活动，孩子也非常愿意一遍一遍重复已经读过的书的内容，因为他们需要在重复中吸收和品味对他们来说有用有趣的信息。子明的妈妈要求子明说一说迎接青蛙的好朋友，子明说了一些动物，但把和青蛙一起出门旅游，最后也一起接受迎接的老鼠也说了进去，这其中的逻辑漏洞被妈妈敏锐地捕捉到了，妈妈向他作了解释，我们分析子明妈妈的语言。

　　声称：老鼠不是迎接青蛙的朋友。

　　原因：老鼠和青蛙一起出去，老鼠在青蛙的后面。

　　原则：迎接人必须处于被迎接人的前方，而不是后方。

　　立场：自然法则。

　　应该说，子明的妈妈通过讨论故事引进了一个很棒的说理主题，妈妈用了"在后面无法迎接"这个逻辑型法则去说明子明的答案有问题。子明似乎觉得妈妈的话有道理，他延续了妈妈的语言，下结论"后面不能迎接"。但妈妈如果把为什么站在后面不能迎接人说透会更好，比如强调"迎接人是表示友好，要站在前面让人看见你友好的样子，站在后面，别人都看不到你的脸，就没办法迎接了"。如果妈妈这么深挖一步，会让子明更理解站在后面不能迎接人的"硬道理"。

在很多情况下，家长跟孩子说话时，不太主动去深挖事物现象的原因，把说理带到更深更广的程度，因为作为成人，我们对很多事物的因果关系已经非常了解和熟悉，觉得不需要多解释。但从孩子的角度来说，很多事物的联系是新鲜的、陌生的，他们需要更多的解释，去发现事物的关联，所以孩子喜欢问傻傻的"为什么"。

在对真理的探求上，孩子比我们成年人执着得多，成年人也应该学孩子变得更执着一些，跟孩子解释事物时，深究背后的原则，把理说透。

案例3 为什么老是扮演"白雪公主"？

背景：朵朵（3岁7个月）跟妈妈说起幼儿园班上小朋友穿公主裙的事情，朵朵的幼儿园里有一天是穿衣节，老师给小朋友带来各种各样的衣服，包括公主裙。对话由妈妈问朵朵穿了什么样的裙子开始。

妈妈：你选了什么裙子穿啊？

朵朵：白雪公主。

妈妈：又是白雪公主啊，为什么老选白雪公主？

朵朵：我喜欢白雪公主。

妈妈：嗯……白雪公主有后妈呢，你有吗？

朵朵：有！

妈妈：你有后妈？！你的后妈在哪儿？后妈可给了白雪公主毒苹果！

朵朵：……我是假扮的。

妈妈：哦，假扮的，为什么不假扮其他的？那么多公主，为什么每次都假扮白雪公主？

朵朵：嗯……白雪公主最美丽！

妈妈：那我明白了，你也想最美丽，是不是？

这是一段智慧含量比较高的对话，妈妈在此不但提问，还用了挑战方式让朵朵为自己的回答辩护，引导朵朵积极思考，直到给出满意答案。整个说理过程既有妈妈的，也有朵朵的，而且妈妈的说理是隐性而逆向的。开始妈妈问朵朵"为什么老选白雪公主"，朵朵的回答是"我喜欢"。妈妈显然对这种"万能理由"不满意，就用白雪公主这个角色的负面因素去挑战朵朵扮演白雪公主的可行性，妈妈在这里有段隐性的逆向说理，其层次结构如下：

声称：选择扮演白雪公主不好（为什么老选白雪公主？）。

原因：白雪公主有后妈，你没有后妈。

原则：扮演者缺乏角色的重要特征，就不像这个角色。

立场：社会群体法则。

面对妈妈的挑战，朵朵的回答让妈妈没想到，朵朵说"有（后妈）"，这令妈妈大惊失色，马上加重挑战，追加一句："后妈可给了白雪公主毒苹果！"朵朵也意识到自己的回答有问题，虽然她不太清楚当她说有后妈的时候，就意味着眼前的妈妈必须成为前妈，但她知道她的说法让妈妈不太高兴。朵朵想了一下，给出一个有力的、能够把妈妈的挑战挡回去的答案"我是假扮的"，言下之意是，在假扮条件下，扮演者不需要真的具备角色的那些特征。妈妈接受这个答案，但觉得这个答案只解决了扮白雪公主的可行性问题，没有回答她最初的问题：为什么老是选择扮白雪公主？妈妈于是将问题问得更明白，"假扮为什么不扮演其他的？那么多公主，为什么每次都假扮白雪公主？"朵朵又想了一下，找出了自己喜欢白雪公主的真正原因：她觉得"白雪公主最美丽"。妈妈觉得朵朵给的这个答案不错，又帮她补充道："你也想最美丽，是不是？"在妈妈的补充中，母女俩共同完成了一个自圆其说的说理过程，其层次结构如下：

声称：我喜欢假扮白雪公主。

原因：白雪公主最美丽。

　　　我也想最美丽。

原则：最美丽的角色最吸引人去扮演。

　　　扮演美丽的角色时会觉得自己也很美丽。

立场：符合人类天性的合作法则。

这个案例中的对话是比较复杂的一场对话，对话中有两个层次的问题，有一正一反两段说理，所以可以称作智慧含量比较高的对话。

在本书资料收集所涉及的这几个妈妈中，朵朵的妈妈是个比较会说话的妈妈，她经常用开玩笑的方式挑战朵朵的语言，其实也是在通过语言激发朵朵的逻辑思维。这位妈妈有点像传说中"隐藏在民间的高手",舌尖上经常妙语连珠,让人大开眼界,我较多地引用这对母女的对话,希望能够给大家一些启发。

现在有研究表明(Hu & Torr, 2016),在非规范性语境中,如讨论大自然现象或文学作品时,家长会不自觉地运用更多的正能量的说理(逻辑、合作、正能量社会群体等),因为大自然现象或文学作品中的情节设计都有其合理的逻辑联系,为讨论预备了范畴;而在规范性语境中,家长会下意识地用大量的负能量的说理(小群体、威胁、贿赂、情感敲诈)去规范孩子的行为,因为家长急于让孩子听从自己的指令,有时不惜用上胁迫力量去"矫正"孩子的行为。这个研究结果给我们一些启发:**创造更多的非规范性语境,比如和孩子一起谈论跟他们经验有关(孩子有经验思维)的故事、电影、自然界或发生在别处的事情,能够激发出更多的正面能量的说理,对孩子的思维塑造和理解世界意义重大。**

家长需要扪心自问,生活中我们是不是太关注孩子的衣食住行?我们太关注孩子该做什么,不该做什么,我们和孩子有多少时间谈论他们喜欢的故事和动画片?我们跟孩子有多少时间讨论他们幼儿园里的那些事?我们有多少时间跟孩子说说他们见识过的大自然和想象中的远方?

案例分析——不听话的缘由

以上我们通过一些案例分析,看到家长日常说理中的成功和失败之处,这些案例能帮助我们提高对说理效果的认识,对今后我们自己的语言使用,有一定的借鉴意义。以下我再用两个案例解读生活中孩子"不听话"的现象,因为"不听话"的本质是违反家长的指令,宣告家长说理过程的失败。"孩子不听话"是我们听到最多的家长的抱怨,为什么"不听话"现象会频频发生?

"听话"是中国父母最愿意在孩子身上看到的特征之一,如果"我怎么说,孩子就怎么做"该多好啊!但事与愿违似乎是家庭育儿的常态,听话的孩子好像总是"别人家的孩子",自己的孩子一定是那个"最不听话"的。

家长口中的"听话"这个词其实有两个组成部分：一是孩子的听，二是父母的话，其实这个词指的是孩子听（从）父母的话。很显然，"听话"这个概念其实包括家长和孩子两个参与者，需要两方面的配合，但现实中家长好像都只在乎孩子是否听（从），不太关心自己说的话。当"不听话"现象出现的时候，责任一般由孩子承担，"这孩子太顽皮，不懂事，不听话！"但很少有家长承担责任，被扣上"乱说话"之类的帽子，所以汉语中"不听话的孩子"是一个常见组合词汇，"乱说话的家长"是一个生僻组合词汇，多不公平啊！

家长说的合情合理的话，孩子需要听也会听，家长说的不合理的话，甚至歪理邪说，孩子怎能听得下去？正常的孩子当然会反抗不听。孩子对话语的含义有敏锐的感知力，那是孩子的天然反应。在很多情形下，孩子不听话是家长的话出了问题，不是孩子要有意对着干，我们看以下两个案例。

案例1　超市里的哭闹

我曾经见过一个场面：在一家超市里，一个4岁左右的女孩吵着要买果冻布丁，妈妈说："我们家里有好多果冻布丁，今天不买了。"妈妈真的也没买果冻布丁。女孩随后开始哭闹，妈妈有些不耐烦，又说："你在商店里这样哭，大家都看着，多难为情啊，快别哭了！"此话一出，女孩哭得更凶，妈妈脸上挂不住了，着急地说："怎么这么不听话！你再哭，再哭，妈妈就走了！"说完，她真的走开了。那个女孩看妈妈走了，一下坐到地上大哭并尖叫。妈妈往店外走了几步，就停步了，终究不敢离女儿太远，但又不想回去迁就女儿，于是她僵在那儿，望着女儿哭闹尖叫，不知如何是好。旁人对她们的观望让这位年轻的妈妈觉得无比尴尬……

如此小孩哭闹、大人无奈的场面可能很多人都见过，甚至经历过，在公共场合管教不好自己的孩子，好像是公开表明自己是不称职的父母，真是一件让人羞愧的事情啊！

我们来分析一下这位妈妈是怎样让自己陷入管教女儿失控的尴尬地步的？是小女孩不听话，还是妈妈自己说的话不中听？妈妈管教失控，除了以前她可能已经让女儿养成物质需求比较容易满足的习惯，所以女儿比较任性这个可能的潜在因素以外，她在超市对女儿说的那几句话至关重要，是直接导火线。我们仔细分析一下在超市现场她对女儿说的话怎样导致她的女儿"不听话"的。她的话语中有三个说理性链接点：

a. 不买果冻布丁，因为家里已经有了。

b. 快别哭，因为在商店哭让大家看着，是件难为情的事。

c. 妈妈走了，因为你哭，不听话。

我们看第一个理由：家里有果冻布丁，所以不需要再买，这个理由对成人来说是常识，但对幼儿来说未必。幼儿的思维是当下思维，看到喜欢的东西想马上得到是正常的，用一个"家里已经有了"这种远离当下情境的理由，很难阻止孩子当下的行为，孩子不理解，所以沮丧。但这位妈妈无视孩子的沮丧，用"在商店哭泣难为情"的理由去劝阻她哭泣，这其实是表明：你的伤心是不合时宜的糟糕行为，这是一种挑起羞耻感的非常负面的评价，所以让孩子哭得更厉害。最后妈妈用上"走开"这个最让孩子感到恐怖的威胁去惩罚孩子的悲伤情绪（孩子此时的哭是伤心，而非耍赖），让孩子又怕又委屈，终于她的情绪爆发性失控，坐在地上大哭尖叫。

如果我们用前一章所学到说理性语言层次结构论去分析这位妈妈的三个说理性质，我们会发现，妈妈用的三个说理原则是：

- 家里有的东西不能再买（成人思维中的常识，幼儿思维中的妈妈自设的规定）。
- 公共场合哭是件令人羞耻的事（运用羞辱感的隐性威胁）。
- 哭会导致妈妈离去（直接威胁）。

这三个原则背后的立场都是胁迫，这种胁迫让孩子感到强大的压力，情感上接受不了，只能以大哭尖叫来释放。最后比较悲惨的不只是孩子，也是这位妈妈，她在公共场合的众人面前，不知所措，无法应对，无比尴尬。

其实在以上场景中，这位妈妈完全可以用另外的方式化解女儿要买果冻的要求，如果她对女儿说："妈妈知道你喜欢果冻布丁，所以上次买了一大堆，家里还有。你能不能去找一些你喜欢，但妈妈又忘记买的东西？"相对而言，这样的话让女儿更容易接受，不至于让她心中受挫、情绪崩溃。因为这种回话既说明了不买果冻的原因，又转移了孩子的注意力，给了孩子一个对等的机会去满足她当下的需求（买喜欢的东西），而且这个机会中含着帮妈妈一个忙（帮妈妈想想什么东西没买）的意义，孩子会非常乐意去做能够帮大人的事情，因为这会让他们有成就感。**有时在拒绝孩子的要求时，转移注意力（redirection）是一个有效的辅助手段。**

用说理性语言恰当地引导孩子的行为是件技术含量非常高的事情，这个过程是和孩子心智进行沟通和交流，其中有很多知识和技能需要家长掌握，可惜很多家长没意识到，话语随随便便就从舌尖上溜出去了。多少家长自己说出不经大脑的话语，挑起孩子的抵触情绪，最后反而怪孩子不听话，用抹黑孩子来掩盖自己的错误，真是错上加错啊！很多中国家长口中的"不听话的孩子"可能是天下最冤屈的人称代词！

案例2　生日派对上的不合作

在一个明媚的秋日下午，我荣幸地被一位家长邀请，参加他们的孩子嘉伟的3岁生日派对。这个孩子的父母那天邀请了众多的亲朋好友，这些亲朋好友中也有带孩子来的，一时间场面热闹非凡，大人们觥筹交错地闲聊，孩子们成群结伴地嬉戏。在派对走向高潮——生日蛋糕被推出的时候，"乐极生悲"的事儿发生了。

嘉伟在大家的"祝你生日快乐"的歌声中被大人带

到生日蛋糕前,当嘉伟准备吹面前的三根蜡烛的时候,旁边蹿出一个年龄相仿的男孩子,跑到蛋糕前一口气将蜡烛吹灭。突如其来的童真表演惹得大人们一阵哄笑,但笑声未绝,剧情逆转,嘉伟对那个吹蜡烛的男孩一巴掌打下去,吹蜡烛的孩子又一拳打回来,两个孩子扭打在一处,待大人将他们分开时,嘉伟已经将那个男孩子的脸抓出几道深深的血痕,被抓的男孩号啕大哭,此时两位妈妈上场,开始与各自的孩子对话。被抓的孩子的妈妈说:"不哭,不哭,我们把脸敷一下就没事了。"嘉伟的妈妈说:"你看你把他抓伤了,快去说对不起。"嘉伟撇着嘴不吭声,妈妈再次催促:"快去说声对不起,说完对不起,再让你吹蜡烛,大家等着吃你的生日蛋糕呢。"嘉伟依然未动。僵持了一会儿,嘉伟的妈妈走到被抓的孩子那儿道歉,那个孩子的妈妈强调没关系,这是孩子之间常有的,然后她带着自己的孩子走开了。嘉伟的妈妈回到嘉伟身边,此时有人已经将生日蜡烛重新点燃,妈妈再次催促嘉伟:"快吹蜡烛啊,大家在等你。"嘉伟不想吹,还是站在那儿不动。催促几次无效后,妈妈无奈地说:"来,妈妈和你一起吹蜡烛。"说完她帮嘉伟吹灭蜡烛,没想到嘉伟一下暴哭起来。爸爸此刻出面,将嘉伟抱走,责备道:"不听话就不要过生日了,在这里丢人现眼!"嘉伟就这样用哭声结束了自己的生日庆祝。虽然一小时后,嘉伟忘记烦恼，又和小朋友玩成一片，但我们不知道这个事是否会在他心中留下阴影，让他对生日庆祝的"吹蜡烛"还有美好的感觉。

嘉伟为什么不听妈妈的话，不想再吹蜡烛？根本原因是他觉得自己没有被公平地对待。是的，他抓伤了另一个小朋友，但那个小朋友冒犯他在前，夺去了他吹蜡烛的机会，他打那个小朋友是有原因的，为什么大人只要他道歉？这个结不打开，他就无心吹蜡烛。我们看一下嘉伟的妈妈用的说理语言：

声称：快去说对不起。

原因：你把他抓伤了。

说完对不起就可以吹蜡烛。

大家等着吃你的生日蛋糕。

原则：伤害了别人要道歉。

道歉是吹蜡烛的先决条件。

过生日的人吹完蜡烛，生日蛋糕才能被大家分享。

立场：合作法则。

小群体法则。

社会群体法则。

嘉伟的妈妈首先用了合作法则，"你把他抓伤了就要说对不起"，这个法则用得没错，但她忽视了人和人之间的合作是双方的，那个男孩吹了嘉伟的生日蜡烛，虽是无心犯错，但对嘉伟有伤害，妈妈应该将这一点说出来，其实那个男孩也应该跟嘉伟说对不起。不过比起那个男孩的错误，嘉伟的错误似乎更大，对别人的伤害更多，所以嘉伟主动说对不起也不为过，妈妈应该将这其中有前因后果的事实说出来。但是妈妈没有将要说对不起的事实原因说透，导致她在最有利的说理点上力度不够，她后面用的小群体和社会群体原则的理也都无法打动嘉伟。我们可以想象，嘉伟妈妈当时的心情是多么急切，吹灭生日蜡烛是孩子过生日仪式中最重要的一环，嘉伟在那儿卡壳儿了，而且在众目睽睽之下。于是妈妈忍不住代劳，帮嘉伟吹蜡烛，但这一举动正触动了嘉伟的敏感处：他的生日蛋糕的蜡烛又让别人吹灭了，嘉伟的委屈感陡增，最终暴哭起来，偏偏此时爸爸也不理解他，给他贴上"不听话，丢人现眼"的耻辱性标签，他的伤心哭泣必然延续并加剧。

在这个场景中，嘉伟的父母应该首先用理解支持的语言和嘉伟说话，再引导他去道歉或吹蜡烛。如果嘉伟的妈妈这样说："嘉伟，我知道是那个小朋友吹灭了你的生日蜡烛，让你很不舒服，但你把他抓成这样非常过分。他现在很疼，我们应该过去跟他说对不起，等一会儿蜡烛再点好让你吹，我相信他一定不会跟你抢了，大家还是好朋友。"这样的语言道出事实，把孩子受到的委屈说出来，把需要道歉的理由讲透彻，也把美好的结果勾画出来，比较容易让孩子信服。如果在嘉伟向那个小朋友说对不起的时候，妈妈也指出那一个孩子的错误，引导他也说对不起，则更好。如果嘉伟脾气倔强，不听劝，也不要催促他去吹蜡烛，像完成任务似的过生日，当场可以跟大家解释一下，宣布生日仪式过一会儿再开始，这样让嘉伟有时间平复情绪，然后等嘉伟准备好了，再愉快地吹蜡烛，过生日。

其实从现场的孩子和家长的反应来看，两个孩子的家长在育儿管教方面都有点问题。嘉伟看到有小朋友冒犯他的利益，马上一巴掌打过去，这显然是个习惯性动作，他习惯用暴力表达不满的情绪，这是父母应该高度重视的方面，家长应该让孩子学会用语言表达自己的愤怒，比如说"嘿，这是我的蜡烛，你不能吹！"这样的语言表达情绪，比拳头、巴掌表达情绪有效得多，因为用语言可以说出别人的错在哪儿，同时也不会伤害别人，让自己处于更优势地位。嘉伟的父母需要反思，自己在生气时对嘉伟有没有动过手？如果用打孩子来惩罚孩子的错误就是给了孩子一个榜样：看到不满的事情就动手打是应该的。嘉伟正是用"打"来惩罚另一个孩子的"错"。此外，嘉伟的妈妈在看到孩子犯错时，没有积极地去尝试更多办法去解释并说服嘉伟，而是用代劳的方法，代嘉伟认错，代嘉伟吹蜡烛，去试图弥补他的过失给别人造成的影响。这种代劳是非常消极的行为，容易让孩子最终形成不需要为自己的行为承担后果的习惯。

而另一个吹灭嘉伟蜡烛的孩子的妈妈在这个事件中的行为也有瑕疵。首先，她在自己的孩子出错时没有及时制止，尽管吹灭别人的生日蜡烛是童心无忌的行为，但这个行为确实冒犯了嘉伟。在孩子心目中，生日仪式上"吹蜡烛"，可能跟成人在奠基仪式上剪彩一样重要，蜡烛被别人吹灭了就像彩绸被别人剪掉一样痛心。这位小朋友的妈妈应该主动指出自己孩子的不当之处，鼓励自己的孩子也跟嘉伟说对不起，他脸上的抓痕也有自己行为不当的原因。最后这位妈妈仅仅带着孩子走开，并没有让自己的孩子从这个事件中吸取教训，倒真是让自己孩子的脸被"白抓了"。

从以上两个案例中我们看到，孩子不听话的现象多半和父母在与孩子的互动中不能准确把握交流语境中孩子的心态，用有力的话语去引导孩子的行为有关。父母用胁迫性的语言，或者用代劳的行为都解决不了问题。父母错误的言行会促成孩子不听话的行为。

在家庭教育中，如果家长关注的只是孩子听不听话，而忽略自己说的话对不对，或者对孩子来说是不是合情合理，这是一个非常令人惋惜的误区。**家长需要知道：只有合情合理的语言，才能打动孩子的心，让孩子"听话"；只有合情合理的语言，才能发展孩子的智慧，值得让孩子"听"！**

第四章

说理的思维策略：
怎么说孩子更信服？

到此为止，我们用了大量的篇幅去解析说理的结构内涵，并用说理的结构内涵去分析案例。分析案例中看别人的语言可能是件令人兴奋的事情，因为评头论足、发现别人的不足是人类实现自我感觉良好的方式之一。看到别的家长教育孩子时犯了跟自己一样的错，甚至比自己错得更离谱，多么安慰啊！借此我们可以给自己做个比较"中肯的评价"："看来我还是一个不错的家长哦！"

但是从这一章开始，我们需要把目光从别人身上收回到自己身上，关注自己的语言运用了。毕竟我们花时间学习说理不是为了寻找安慰，而是为了让自己在孩子面前更"理直气壮"，说出孩子听得进的话，让孩子的行为更合乎社会规范，思维更有理性和敏锐度。下面我介绍一些非常实用的说理技巧，这些技巧和前文介绍的基本概念相关，我们需要再次用到说理的层次和类型的知识。

层次倒推法：从立场出发的逆向思维

第一个推荐的说理技巧是层次倒推法。何为层次倒推？

说理层次有声称、原因、原则和立场四个台阶，一般人在说理时第一念头是想用什么合适理由支持我的观点？即关注焦点在第二台阶——原因。日常交流中，人们给出理由通常也很快，不太思索原因背后的原则和立场，这是因为每个人有一个思维定势，这种定势决定他说话时习惯用的立场和语言。习惯用胁迫力量思维的人会经常不知不觉地用威胁和贿赂性的语言；习惯用逻辑型立场思维的人喜欢就事论事，用理性分析的语言。不同思维定势的人碰到一起争论一件事情是一件难度系数很高的事情，"秀才遇见兵，有理说不清"就是这种局面。我们可以想象，如果苏秦碰到赵高，苏秦想说清楚"马是马，鹿是鹿"，必然无比郁闷纠结。

正因为不同思维定势的人有交流障碍，人类社会才出现"人以群分"的现象，思维定势其实也是人类社会阶层划分的隐性标杆，比如暴发户与贵族之间的鸿沟实际上是思维的鸿沟。

思维上的鸿沟也并非不可逾越，我们了解原理以后，就可以刻意修炼自己在语言交流中的思维定势，从下意识到有意识，为自己的思维设定轨道。和孩子说理时尽量用逻辑型的"秀才"的方式说理比较合适，因为这符合现代社会理性回归的趋势，越发达的社会越是"秀才"比"大兵"更有用武之地的社会，我们需要用逻辑型的思维定势去主导我们的语言，让孩子也养成逻辑型思维习惯。

逻辑型思维定势的形成由层次倒推的思维训练开始。

层次倒推是指在说理中先思考我用什么立场说话，再想相应的理由。这需要说话者在话语脱舌而出之前停几秒钟，给予自己一点时间思考片刻，然后说出经过思考、由立场到理由这样倒推出来的理性语言，这就像在大脑语言中枢多安装一扇理性阀门，只让合情合理的语言流出。

因为说理立场正负能量皆有，说理时要优先选择理性力量强大的立场，尽量用正能量高的逻辑型和合作型的说理方式，有意识避开负能量的说理。看到孩子有不规范的行为，不要轻易地急着用简单的理由粗暴地阻止，而要先想着如何用合理的原因去解释。**层次倒推法的核心是话语脱口而出之前，停留几秒，有意识选择正能量的说理类型去规劝孩子的行为，或解释某件事物。**

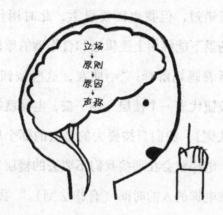

此处我想用自己的一段经历去说明，这种下意识的脱口而出与有意识的经过"层次倒推"的思考之后再说话的区别。

我曾经在一栋大楼乘电梯时碰到一对夫妻带着一个小男孩进来，也许是不经常坐电梯的缘故，那个孩子对电梯充满好奇，看到爸爸伸手在电梯按了一个按钮，他也在几个按钮上触摸，爸爸马上在他手臂上一拍，阻止道："不许乱摸。"妈妈也加一句："你不知道按哪个就不能按，这是不能乱按的。"

在这个场景中，爸爸妈妈的反应显然是不加思考的本能反应。爸爸给出了一个强硬的声称，妈妈则给出一个模糊的原因，孩子还是不太懂他为什么不能按那些按钮的真正原因，只是被父母的严厉阵势吓住了，所以他呆呆地望着妈妈。其实孩子对电梯的好奇可以是一个非常好的随机教育机会，作为教育工作者，我在一旁看到这样的机会，当然不愿意错过，但我也需要思索，此时用什么理由合适？这个场景下能够用上逻辑型和合作型的原因吗？思索之后，我帮着妈妈解释："小朋友，这些按钮不能乱动，因为每个按钮代表一个楼层，你一按，电梯就在那层楼停下（逻辑法则），我们只按要去的楼层的那个按钮，如果你随便按，电梯就会在那些我们不要去的楼层停，这样会浪费所有乘电梯的人的时间（合作法则）。"我还没说完，妈妈马上接口对孩子说："听这个阿姨的话哦，阿姨讲得很有道理。"我接着向这对年轻的父母建议：下次乘电梯时，让孩子按按钮，去你们要到的楼层吧，这样小朋友就知道怎样使用电梯。妈妈听了连连称是，又问孩子："等会儿，我们回来时，让你按按钮，就按一个啊。"小男孩听了很高兴，点头回答道："好"。此时，这个孩子不但听从了大人的建议（不乱摸按钮），而且是怀着愉悦的心情期待下次正确使用电梯的机会。在这家人到达要去的楼

第四章 说理的思维策略：怎么说孩子更信服？

层，即将出电梯时，妈妈突然问我一句："你是老师吧。"我说"是的"。"老师说话就是不一样啊！"妈妈感慨的尾音落在重重的电梯门关闭的缝隙中……

当我再次回忆起这段经历的时候，这位妈妈的感慨也让我心生感慨：她将我的话语风格归于职业因素，却不知我讲那些话之前也是经过紧张思索的，这是一种刻意而为的思维定势，是主动修炼出来的习惯，而非因为我是老师就自然反映出来。老师说出"混账话"的时候也是经常有的，老师的职业只是提供比常人更多的说话机会，更容易锻炼出比较好的表达能力，但这个职业不能保证话语的合理性，只有刻意地运用理性思维的定势才能让言语充满让人信服的正能量。我相信那位妈妈经过一定训练，懂得说理的技巧策略，也会有这样的能力。

家长改变自己的思维定势，就能够改变语言习惯，然后通过合理有效的语言习惯，给孩子的思维塑造带来积极正面的影响，这个观点需要再次强调。**其实父母在孩子成长道路上留下的最深刻的烙印是思维定势，而不仅是生活习惯**。比如，我们看到中国这些年城镇化建设很快，很多从乡村转到城市的人随着生活水平的提高，很快培养出比以前更文明的生活习惯，但思维习惯或定势的改变往往会滞后，停留于城镇化之前的小农阶段，这种思维可能会伴随有些人的终生。

此外，改变思维习惯并非像我们想象中那么难，出现思维习惯比生活习惯更难改良的现象，是因为思维习惯比生活习惯隐性，很多人没有意识到其中的差距，或缺乏主动改变的动机。与随地吐痰会马上遭人白眼的尴尬和羞辱相比，抱着老思想、由着性子对孩子胡言乱语是多么不引人注意，多么安全自在啊！但正是这种不起眼的、舒服自在的思维上的滞后会给自己和下一代的人生带来最恶劣的诅咒。

打破世代相连的"人生诅咒"要从提升自己的思维开始，提升自己的思维从"层次倒推法"的训练开始，我们需要的只是用一点心，跟孩子说话时多想一想，多陪伴孩子，学会用正能量强大的语言和孩子交流，给孩子的思维和习惯带去好的影响，这其中的教育意义和教育回报远远超过离家挣钱，然后把孩子送进好学校。

世界上最好的学校是孩子自己的家，最好的老师是孩子自己的父母，这个宝贵的教育资源不要浪费了。只要安排合理，陪孩子多说说话，多些有质量的沟通，孩子会受益无穷，这跟挣钱养家不矛盾。

黄金组合法：当逻辑遭遇情感共鸣

"黄金组合"是一个炫目的名词，在商业时代它用于很多领域，其内涵是指两样或两样以上的事物的搭配效果非常美妙，产生了积极的能量放大的效果，就像黄金那样有价值。说理中的"黄金组合"是指说理过程用了两种以上的理由，这些理由组合产生了整体的正能量放大的效果，于是出现"口吐金言"的现象，让听者愿意听从。

什么样的理由组合在一起堪称"黄金组合"？

在层次倒推法中，我们强调了说理时，思维要主动有意地选择正能量的立场，而在说理立场能量排行榜中，逻辑型立场正能量指数最高，因此说理时尽量用逻辑型法则。但有时光有逻辑型说理也是不够的，为了加强说理的感染力，逻辑型说理需要和社会型说理组合，因为我们说理的对象是人，是孩子，他们都有着丰富的情感，当我们要说服人时，所用的理由除了要有逻辑的理性光芒，也要在情感上激起孩子的共鸣。

最能够激起听者共鸣的社会型说理是运用合作型法则的说理，即正能量指数最高的社会型说理形式，当逻辑型说理和合作型说理相结合时，说理的效能会极大提升，所以，我们称逻辑型说理 + 合作型说理的组合是黄金组合。

下面通过一段对话来领略一下这对黄金组合的效能在哪里：

背景：诗雨（4岁8个月）从幼儿园回来，在家里玩了一会儿，就要出去到院子里玩。因为是夏季，户外阳光强烈，妈妈要求她戴上帽子。

诗雨：妈妈，我要出去玩。

妈妈：出去玩可以，要戴上帽子。

（诗雨走到门口。）

妈妈：妈妈刚才说了，你要戴上帽子。

诗雨：为什么？

妈妈：因为太阳太晒，会把你的皮肤晒伤。

诗雨：我不怕晒。

妈妈：但我不想你晒伤。

诗雨：为什么？

妈妈：因为晒伤会很疼。你晒疼了，妈妈也会心疼，快把帽子戴上（拿了一顶帽子向诗雨走来）。

（诗雨顺从地让妈妈帮她戴上帽子。）

以上妈妈和诗雨的对话用四步层次分析法，结果如下：

声称：出去玩要戴帽子。

原因：太阳光会晒伤皮肤，晒伤会很疼。

妈妈看到宝贝晒伤会难过。

原则：阳光中的紫外线穿透力强，能够伤害皮肤，带来疼痛感。

正常母亲的天性是不愿意孩子受伤的。

立场：自然法则。

理解妈妈感情（人类本性）的合作法则。

在这段对话中，妈妈用逻辑型和合作型的说理劝说诗雨出去玩要戴上帽子，妈妈摆出来的理非常有力，诗雨最后听从了妈妈的话，不仅是太阳能晒伤皮肤这个"硬道理"，还有妈妈在话语中表现出来的关爱诗雨的柔情，这种柔情一定会让诗雨产生情感上的小触动，让她更心甘情愿地戴上帽子。

让听者执行指令时"既无可推诿，又心甘情愿"，这是"逻辑型说理＋合作型说理"的黄金组合的语言魅力所在。

不过，在以上对话中我们看到，妈妈的说理是在诗雨主动问了两个"为什么"之后说的，妈妈开始只是给直接的指令，并没有主动说要戴帽子的原因。只给孩子指令，不说明孩子要执行指令的原因，这其实是很多家长的习惯。虽然诗雨的妈妈后来主动说明了原因，但她如果在给指令时主动说明原因会更好，因为说明原因体现了对孩子的尊重，让孩子懂得去做某件事是有其客观的原因，有其合理性的，不是为了听从父母的指令而去做。家长需要有意识地改变自己发号施令的角色，培养自己在生活中多用说理性语言的习惯。

我们再看一段对话，是萧萧（4岁2个月）的妈妈看到萧萧有不规范的行为，她用逻辑型说理＋威胁型说理的语言规劝萧萧失败的过程。这个案例让我们看到，强大的逻辑型说理如果配上其他不合适的说理形式，效能也会大打折扣。

背景：萧萧吃完饭，妈妈把碗筷收完后，萧萧爬到吃饭桌子上，在桌上剧烈跳动。妈妈从厨房出来，见到萧萧的行为大惊失色，严厉教训。

妈妈：给我下来，桌子上不能跳！

（萧萧不理妈妈，继续跳。）

妈妈：桌子这么小，你这样跳会摔下来。

萧萧：我小心点，不会摔。

妈妈：给我下来，你要摔下来摔疼了是自找的，我可不管你！我数一、二、三了。

（妈妈数到"二"时，萧萧从桌子上爬下来。）

妈妈：这还差不多（妈妈回到厨房继续收拾）。

（萧萧悄悄地再次爬上桌子。）

以上妈妈和萧萧的对话用层次分析法，结果如下：

声称：桌上不能跳。

原因：桌子太小，你这样跳会摔下来。

　　　摔疼了是自找的，妈妈不会管。

原则：在承载面比较小的物体上剧烈跳动容易摔下。

　　　幼儿自己错误行为导致的伤害不会受妈妈的照顾。

立场：自然法则。

　　　用严重的后果威胁。

在这段对话中，萧萧的妈妈先用了一个逻辑型的说理，"桌子太小，你这样跳会摔下"。这个理由虽然比较合理充分，但萧萧的回话也非常有力："我小心点，不会摔。"萧萧的这句回话其实也有逻辑因果关系，因为如果一个人比较小心地在桌子上跳动几下，摔下来的概率确实不大。萧萧的回话让妈妈难以辩驳，于是妈妈用上威胁性语言："你会摔疼是自找的，我不会管。"可能妈妈觉得这句话的分量还是不够，后面又继续用数"一、二、三"来威胁。萧萧根据以往的经验，知道妈妈数完"三"后会采取行动，就立刻屈服了，听从妈妈的指令，从桌子上爬下来。但萧萧的这种屈服是暂时的，妈妈的语言并没有让他信服，当妈妈回到厨房后，他立刻用行动违背妈妈的指令。萧萧的行为再次证明，威胁的效能是多么短暂有限，多么容易被挑战、被孩子钻空子！

如果妈妈不用威胁性语言，而是顺着萧萧的回话，进一步用逻辑型语言坚持强化她的第一个理由，再配上合作型说理，情形可能会不一样。如果妈妈这样说："你这样跳下去，只要一个不小心，就会摔下，而且这么高摔下会很疼（强调从桌上摔下的可能性依然存在且后果严重）。还有桌子是用来吃饭的，你把脚上的脏东西带到桌子上多不卫生（逻辑型说理）。妈妈刚把桌子打扫干净，现在又要花很多力气把桌子弄干净，你这样做对吗（合作型说理激发情感上共鸣）？"这样的逻辑＋合作型说理的语言力量比萧萧的妈妈原来的语言有力量得多，更能够促使萧萧在内心上认同，更能自愿服从妈妈的指令。

此外，家长需要理解，孩子做出"在桌子上跳"这类事情，其根本原因一定不是有意为了和大人对着干，而是他们需要一些刺激挑战。一般来说，当孩子开始"犯傻"，去做"危险的事情"时，往往意味着他们对周围环境能够用正常手段接触到的事物失去兴趣，他们开始寻找一些挑战刺激。其实正因为危险，萧萧觉得在桌上跳无比有趣。针对这种心理状态，家长需要在家里调整孩子活动的内容和空间，给孩子安排一些安全的刺激和挑战，"发泄"他们旺盛的精力，比如，在家里腾出一个小空间，提供软垫，让孩子有翻滚弹跳、刺激撒野的机会。此外，家长需要在忙于其他事情的时候，也把孩子的活动内容安排好再离开，比如，萧萧的妈妈如果去厨房做家务之前，引导萧萧做一些其他游戏活动，可能萧萧就不会爬上桌子上去跳了。

　　如果有一天，你发现原来比较乖巧的宝宝开始把家里弄得"鸡飞狗跳"，开始"虐待"玩具的时候，不要以为是你的宝宝突然性情大变，开始淘气了，而很可能是你的宝宝的能力智商升级了，开始厌烦他周围的环境和资源了。调整环境，提供合适的游戏活动，使之与孩子的兴趣和能力相匹配，是家庭教育中非常重要的环节，这个主题值得用另一本书去详解，此处仅略述。

立场延伸法：将规矩背后的理说透

说理的方法除了有横向的组合之外，还有纵向的延伸，即说理时，层层递进，把理说透，其规律是从负能量类型的说理过渡到正能量类型。

立场延伸如何实施？我们看一个实例便一目了然。

在一家澳大利亚幼儿园里，我曾看到这样一幕：一个孩子在教室里乱跑，老师阻止他，说道："Jason，请停下来！记不记得我们教室的规则？在教室里活动时，我们是走，不是跑。（Jason, stop running please. Remember our indoor rule? During indoor play, we walk, no running）"老师说了以后，Jason停了几秒钟，然后继续跑，这时老师再次阻止他，继续说道："对不起，Jason，我必须让你停下来。我们规定教室里不能跑是有原因的,因为教室里不够大,你这样跑容易撞到其他小朋友,伤害到别人。如果大家都这样跑,最后谁都玩不了,明白吗?"("Sorry, Jason, I have to stop you. We have some reasons for the rule of no running inside. The indoor space is limited, it is easy for you to bump into someone and hurt your friends if you continue running like this, and if everyone runs inside, then no one can play here, understand?"),Jason 看着老师迟疑片刻,回答"Yes",然后缓和下来,在老师引导下,他去建构区域,玩其他游戏。

在这段对话中,老师先是用一个教室的规则"在教室里活动时,我们是走,不是跑"来规范 Jason 的行为,这个教室的规则在本质上是小群体法则,即适用于这个班

级群体的法则，老师用这个理由劝阻 Jason 的行为不太成功。在前面的章节，我曾指出小群体法则在很多情况下是一个有负能量的法则，因为这类法则往往是小群体的权威者制定，有强烈的"权威操作感"，说服的力量不够强大，有一种让人"口服心不服"、要挑战它的冲动。

教室的规则一般是老师定的，是需要所有小朋友都遵守的，但就有像 Jason 那样的孩子老是想破坏老师的规矩。为什么这些孩子就是要破坏规矩？

想一想我们作为成年人，有多少次违反单位的一些"小规定"：开会时悄悄看会儿手机；下班时早走一刻钟……这些违反"小规定"的行为好像能够给自己带来一种莫名的愉悦感，只要有可能，如此违规行为一定还会再犯。如果成年人享受这种行为和感觉，那么孩子也是一样的：偷偷冒犯一项老师或家长的规定是多么令人愉悦啊！

那么，为什么违反规定会带来愉悦感？

大人偷偷看会儿手机，早走一刻，或孩子在教室里乱跑一阵，这些事情真的能带来利益、让当事人愉悦吗？我们只要深究一下，就会发现这种愉悦感的来源主要不是违规行为带来的利益，而是一种潜在的"战胜权威"的快感：看啊，你的规矩在我身上无效！

当然有些规定本身奇葩，如上班前要操练"小苹果"

(我曾经在一些单位看到过),违反这种规定自然有种"撕破丑陋"的喜剧感,这符合人类天性。此处我们将这类规矩排除,关注比较合理的正常的规定,如"教室里不能乱跑""上下班准时"等。对正常规定的违反,是"自我能量"超越权威的释放,尽管当事者知道违反规定的行为可能会对他人造成不便,他们也要自私地享受这种"违规快感"。

正是这种莫名其妙的快感让 Jason 对老师的规定置若罔闻,当老师用教室的规则去说服他的时候,他依旧我行我素。Jason 的老师觉察到他对规矩淡漠的意识和态度,于是转变说服方法,把规则背后的逻辑原因说了出来。当老师解释教室里为什么不能跑的根本原因和可能出现后果的时候,她的说理方式其实就从小群体法则延伸到逻辑法则,说理的力量从可挑战的个人权威过渡到难以挑战的自然法则,这种力量是 Jason 能够感受到的,他无法推诿,他的行为确实会给其他小朋友带来不良后果,所以老师问他明不明白这其中道理时,他只能无可奈何地说"Yes",因为他如果再选择不合作,无疑是将自己不顾他人的私心公布于众,那就有点自取其辱了。换句话说,就是老师在语言中用了强大的因果规律的力量迫使 Jason 需要付出"自取其辱"的代价去违规,让他在这个环节上不得不收住"私心"。最后 Jason 接受了老师的引导,去玩其他游戏。

我们再看一段对话，发生在娜娜、娜娜的妈妈和我三人之间，这段对话是我和娜娜的妈妈合作，去规劝娜娜不要随意去翻别人的手提包的行为。

背景：娜娜看到我的手提包放在沙发上，她被手提包上闪闪发光的装饰吸引，就走到沙发跟前，试着拉开拉链，想打开手提包看里面，这时妈妈说话了。

妈妈：哎，那是阿姨的包包，你不能动。

娜娜：我就看一下（继续动拉链）。

妈妈：你看一下也要经过别人同意才行，别人的东西不能随便动，你问过阿姨了吗？

娜娜：（对我说话）阿姨，我能看一下你的包吗？

我：我的包里有重要的东西，别人是不能看的。你不要动拉链，就看看外面可以吗？

妈妈：听见了吗？阿姨不想让你动她的包包，快放回去。

（娜娜不情愿地放下手提包，离开沙发。）

在这段对话中，娜娜的妈妈看到娜娜翻客人的手提包立刻去阻止是对的，但她用的原因过于含糊简单：那是阿姨的包包。这个原因在不加任何解释的情况下，就是小群体法则，给孩子感觉是你规定阿姨的包包不能动，我可不想认这个规定，娜娜自然的反应是，我还是接着干我想做的事情，因为她不理解为什么阿姨的包包不能动。后来妈妈再次提醒娜娜，动阿姨的包需要先问一下，并补充了一个社会群体法则的原因：别人的东西不能随便动。娜娜于是转向我，征求我的同意。当娜娜问我能不能动手提包的时候，我迟疑片刻，即决定不配合娜娜的愿望，我故意说："我的包里有重要的东西，别人是不能看的。"我希望娜娜学到一个经验：别人的物品是不能轻易碰的，要学会尊重别人的隐私（合作法则）。同时我的回答，也给妈妈的说法一个注脚补充，说明为什么阿姨的包包不能动，别人的东西不能随便动，从而把妈妈的小群体法则和社会群体法则的说理延伸到合作型的说理，让娜娜更容易理解并听从妈妈的指令。

从以上的案例可以看出，**立场延伸法就是把负能量的说理转向正能量的说理，而且往往从小群体和社会群体法则的说理转向逻辑和合作法则的说理**。这种转变和延伸能够实现，是因为有很多小群体和社会群体法则本身是建立在逻辑和合作法则基础上的，比如在中国婚礼上，新娘要穿红色，因为红色代表喜庆。中华民族的祖先之所以用红色代表喜庆可能是因为红色是醒目的暖色调，能够给人带来温暖热烈的感觉，这种传统背后其实有着自然法则的背书，只是大家习惯传统或规矩后就不再追究其更深的本质原因，然后在日常生活中说理时，就直接搬出规矩，用规矩压人：你不能这样做，因为公司有规定；小朋友到了3岁都要上幼儿园，因为大家都这样……但这些依托规矩的话语说服力有限，最终也"压"不住人。

立场延伸的要诀就在于把规矩后面的理说透，从"规矩压人"到"以理服人"。但有一点需要表明：不是所有的小群体和社会群体规则都可以延伸，有些规则，如你不能拿摄像机，因为你不知道一件东西的名字就不能拿这件东西（见第三章中案例"不知道名字的后果很严重"），这种规则是纯粹的个人权威捏造出来的，没有逻辑或合作的道理背书，无法延伸，而且也正因为此，这类规则才显得奇葩荒谬。

不能延伸到逻辑或合作立场的小群体或社会群体规则一般是有问题的规则，这类规则还是多多违反为妙！

负能量过滤法：警惕语言暴力

在家庭教育中，家长往往用了大量的负能量语言而不知觉，因为很多家长觉得不论我说什么都是为了孩子好，只要这个出发点是好的，狠言狠语也是苦口良药。但冰冷的事实是，语言的效果不以说话者主观意志为转移，充满负能量的狠言狠语一般是"苦口毒药"，当下伤孩子的心，长远更伤孩子的思维和人格。

说理中的负能量语言主要存在于威胁、贿赂和情感敲诈这三种类型中（见第二章中"说理类型正负能量排行榜"），这些类型的语言对孩子杀伤力大，是最需要避免的，但在有些情形下，这也是最难做到的，因为这三种类型语言的产生，和负面情绪或负面心理相联系。家长在面对孩子不配合时，由于失去耐心最容易产生语言暴力，因为心情急切，家长希望速战速决，暴力语言似乎可以达到让孩子迅速服从的目的，用上这样的语言似乎是不可避免的。我们看下面一段对话。

背景：子明（4岁半）的爸爸要送子明上幼儿园，爸爸需要在送完子明后赶去上班，时间有些紧迫，但子明磨磨蹭蹭就是不想上车，不想跟爸爸去幼儿园。

爸爸：快点哈，不能磨蹭，我们不能迟到（把子明的书包扔上车）。

子明：我要跟妈妈去。

爸爸：妈妈今天有事，爸爸送你，快上车。

（子明站在原地不动。）

爸爸：我说了不能磨蹭哈，爸爸还要上班。快点，再不听话，就打屁股了。

子明：我要妈妈……（开始哭泣。）

爸爸：我说了妈妈有事，送不了你！（走过来将子明强行抱上车。）

（子明继续哭。）

爸爸：好了，好了，不哭了，明天（正好周末）爸爸带你去动物园……

子明：妈妈也去？

爸爸：好，妈妈也去。

在以上的对话中，子明的爸爸是威胁（打屁股）和贿赂（去动物园）都用上了。由此可以看出，这位爸爸非常急切，他当时关注的只是无论如何要把子明弄上车，目的达到就好，过程中伴随一些孩子的眼泪应该"无伤大雅"。子明爸爸的行为和语言可能是很多家长在"紧急状况"下都会出现的，可以理解，但这种言行能不能避免？有没有更好的替代方式？我们做一点深度分析。

首先，我们探讨一下，为什么子明会不配合爸爸的指令"快点上车"？子明忽视爸爸的指令，一再要求要妈妈，为什么？因为平时经常是妈妈送他去幼儿园，而今天爸爸送他是打破常规，这让他难以接受。学龄前的儿童在成长中，会有一个很长的阶段特别看重已经建立的常规

(Fiese, Tomcho, Douglas, Josephs, Poltrock & Baker, 2002)，比如特定的东西要放在特定的地方，特定的时间要做特定的事情……幼儿会非常维护这种固化的常规，因为常规有预见性，让孩子们感到安全踏实，常规的打破意味着安全感的打破，所以孩子会在常规打破的时候非常不安，显得非常固执地要原来的东西、原来的人。这是子明不愿意上车，跟爸爸去幼儿园的根本原因。

其次，有没有策略让孩子顺利地接受常规的转变？答案是肯定的。其中最重要的方法是给孩子"预警"，提前告诉孩子在某一个时段原来常规要改变一下，并解释这种改变的原因，让孩子有一段消化接受的过程。子明的父母如果在头一天晚上就说明妈妈有事情，需要爸爸送子明上幼儿园，做好子明的思想工作，可能第二天爸爸要求子明上车就没那么难了。

再次，如果事先的准备工作未做好，"紧急情况"发生了，有没有办法让孩子接受变化？答案依然是肯定的。子明的爸爸如果换一种方式跟子明说话，花两分钟跟他耐心解释妈妈今天为什么不能送他去幼儿园，比如说明妈妈今天不舒服，要去看医生，我们要体谅妈妈，让她少工作（合作法则）。这样的说明，比起"妈妈今天有事"，让孩子有更多的理解。如果解释之后孩子继续发犟，在心中的火气开始升腾的时候，可以用一种比较诚恳的方式释放这种火气：直接告诉孩子你现在的感受和他（她）的行为对你的影响。比如子明的爸爸可以对子明说："爸爸现在非常着急，因为你耽误上车的时间会让我上班迟到，这会耽误我的工作，也会让那些等爸爸上班的人着急。"这种直接的告白是加强孩子对当下情景的理解，让孩子知道他的行为会带来不良后果。这种告白其实是让急切的心情以陈述形式出现，能够转化一部分心中内火，同时也为下一步采取行动做了合理的铺垫。如果孩子依然不听劝解，我们可以像子明爸爸那样直接把他抱进车里，但采取行动时要进一步说明："对不起，我必须让你上车，因为你再拖下去，会耽误很多人，对大家不公平。"这样的语言是为自己的行为的合理性背书，让孩子去反思他发擎的行为的消极后果。如果子明的爸爸是这样说话的，他就理直气壮，后面根本不需要用贿赂（去动物园）去讨好子明，而且他一用贿赂就显得自己理亏，好像是他刚才的行为错了，他要做些弥补。这种贿赂型语言会让子明感受到他的那种软弱之处，所以他会在爸爸的贿赂条件（去动物园）的基础上再加一条：妈妈也去，同时"绑架"爸爸和妈妈才心满意足。

　　子明爸爸"应急性"的语言其实为他后面的周末和今后的孩子管教都埋下隐患：如果周末一家人去不了动物园，子明必然又是一场大闹；如果去了动物园，这种行为好像是作为亏欠子明的补偿，无形中助长了子明将来用眼泪索取父母的动机。

从以上案例分析中，我们看到负能量的语言是贻害无穷的，但偏偏容易脱口而出，爆发概率高到令人麻木，子明的爸爸可能送完子明上幼儿园后就忘了自己跟孩子说过啥了。负能量的语言好像防不胜防，究竟怎样避免？我们其实在以上分析子明爸爸可能有更好选择时已经无形中介绍了"两步过滤法"：第一步是"预警"，减少和孩子不必要的"正面冲突"的机会。不论是改变常规或是要孩子去做一件他不想做的事情，比如孩子玩得正开心时，吃饭时间到了，需要收玩具，这时如果突然停止孩子的游戏必然遭到抵触，但如果给予"预警"，收玩具之前提醒两次："我们很快要吃饭了，玩具过会儿要收起来，吃完饭再玩……"这样的预警给予孩子心理预期，会减少他们的抵抗，会让他们比较容易接受变化。第二步是当意外的正面冲突发生了，孩子的不合作行为引得我们焦急甚至发怒的时候，要用平稳的陈述性的语言说出自己的情绪。当情绪被说出来的时候也就是情绪在释放的过程，让头脑不被情绪左右。此外向孩子表明他的行为让自己生气、担忧、焦虑，并说明原因，这就抑制了暴力语言的出现，走向了正能量的合作型说理。

当然，父母加强自己的文化修养和素质是过滤掉暴力语言的治本的方法，当我们对世界、人生、成长、教育等概念有更多的理解的时候，我们会培养出一种更广博的心态，不太轻易被激怒而口出暴言。本书第一章所提到的韩茹凯对澳大利亚两组教育背景不同的妈妈的语言使用的研究（Hasan，1992，1993）也充分说明了这一点。

除了威胁和贿赂这两种常见的负能量语言，生活中还有一种隐形的语言暴力——情感敲诈。如果说威胁和贿赂性的语言是显性的，因其建立在惩罚和利益等外在因素的操作上；情感敲诈则是隐性的，因其诉诸内疚、羞愧感之类的内在因素。威胁和贿赂型语言有点像"真小人"，话糙理也糙；情感敲诈型语言却有"伪君子风范"，话不糙理却歪，因为家长对孩子使用情感敲诈语言的本质是期待孩子的高回报，这种高回报是以满足家长自己的需求为前提，只是打着"苦情道德"的幌子。经典的情感敲诈语录是："我们付出了这么多，你不好好努力学习，你对得起谁？"

有人说做中国的孩子是幸福的，因为父母愿意为孩子"砸锅卖铁"付出一切；但做中国的孩子也是最不幸的，因为你要对得起为你砸锅卖铁的父母，你的一生也就被"砸锅卖铁"绑架！

情感敲诈型语言的危害在于挑起孩子的内疚感和羞愧感，迫使他们采取积极行动满足他人。孩子有时看上去努力积极，但因为他的行为与自我满足、自我实现不相干，不论孩子成与败，其心理体验都是扭曲的。生活中我们见过很多"砸锅卖铁"到极致的父母最后得到"白眼狼"的儿女，这并非偶然运气不好。怎么这些父母的儿女就这么没良心？这种现象必然是"种歪瓜得歪瓜"的结果。

情感敲诈型语言的使用人群有一些共同特征：父母自己人生失意，心理存在空洞，便对孩子寄予强烈的高期望，以求弥补。这一点与威胁和贿赂型语言不同，威胁和贿赂型的语言可能存在于所有人群中，和当时当下的情境、情绪相关。对于习惯使用情感敲诈型语言的父母来说，让他们在生活中避免这种语言，其难度比过滤掉威胁和贿赂型语言更大，因为这其中有一个不良的心理定势：父母想要的是"母凭子贵"或"子女得道，父母升天"的"寄生式"人生升级，这跟有些女人立志要嫁入豪门有异曲同工之处。对于这类父母，需要的是重新认识作为父母的职责和权利边界。父母的职责是培养孩子获得他们自己想要的幸福生活的能力，这种能力包含心、智、体各个方面。孩子的人生是属于他们自己的，不是父母人生的延续或补充，父母没有权利用所谓"付出"的苦情去绑架孩子的人生。

最后需要澄清一点：正常父母的付出是心甘情愿的付出，对孩子有合理期待；情感敲诈型父母的付出是目的驱使的，是计较回报的付出，并对孩子有不合理的高期待。情感敲诈型的父母的本质是自私，只是这种自私以冠冕堂皇的道德的形式出现，比较隐蔽，我们需要更加警惕这种现象的存在。

要过滤掉情感敲诈型语言，需要家长有更多的勇气戒掉自己的育儿私心，放点精力去提升自己，完善自己的人生，而不是将一切期望放在孩子身上。这个过程有些痛苦，有些艰辛，但为了孩子，值！

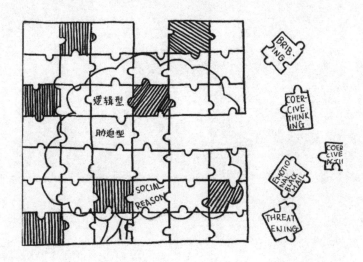

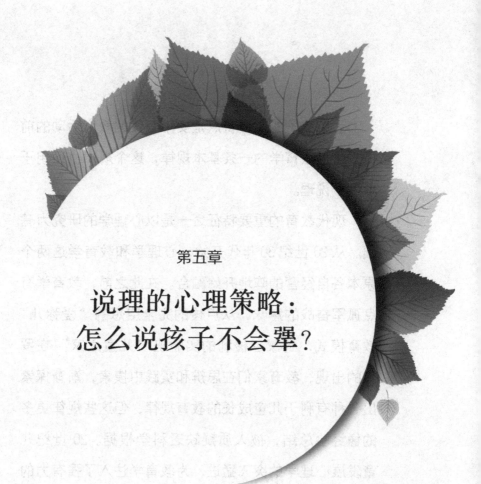

第五章

说理的心理策略：
怎么说孩子不会犟？

了解孩子的心理特点是安排有效的教育活动的前提，这是教育学的一条基本规律，这个规律也适用于跟孩子说理。

现代教育的重要特征之一是以心理学的研究为基础。从20世纪30年代开始，心理学和教育学这两个原本各自经营的阵地开始融合。在此之前，教育学有点孤军奋战的意味，从卢梭的完全空想的"爱弥儿"教育模式，到蒙台梭利的实验班"儿童之家"在罗马的出现，教育家们在思辨和实践中摸索，渐渐探索出各种有利于儿童成长的教育规律，但这些规律更多的像经验总结，被人质疑缺乏科学根据。20世纪儿童发展心理学的突飞猛进，为教育学注入了强有力的科学实证元素，从此教育学和心理学紧密结合、皮毛相辅。如今心理学和教育学的关系有点像一枚硬币的两面，心理学是钱币的国徽那一面，为钱币的权威性背书；教育学是钱币的币值那一面，让钱币有流通的价值。

本章从儿童心理学的角度出发，分析儿童行为背后的一些心理因素，讨论交流的过程中可以运用的心理战术，为有效的说理助攻。

有限选择法：让孩子从说"No"到说"Yes"

拥有选择权往往会让人产生满足感，因为有选择意味着自己的意愿能发挥作用，自己有影响力、被尊重。现代社会的商家对顾客一般都会提供多样的产品和服务，让顾客自主选择，这就是暗暗迎合顾客需要选择权的心理需求。选择权对孩子来说也是非常重要的，因为孩子也有自主意识，有需要被尊重的渴望。

德裔美籍心理学家艾瑞克森（Erikson, 1968）指出，幼儿2~3岁的时候就开始发展自主意识，这个阶段的幼儿开始喜欢说"不"，对于任何事情，不论自己喜不喜欢，容易"不"字当头。父母问："要吃饭吗？"宝宝答：

"不要!"阿姨问:"要出去玩吗?"宝宝还是"不要!"父母发现,原来可爱乖巧的宝贝突然怎么变得难说话了。其实不是宝宝难说话,而是他们在享受"说不"能够带来的自己做主的满足感:原来世间有种"说不"的力量!原来这种力量还能够影响别人,真太爽了!当然宝宝有时为了"说不"付出事与愿违的代价,明明肚子饿了,说了"不"以后,马上后悔,又闹着要吃东西,家长对此要有理解和准备。

孩子"说不"意味着心智在正常发展,家长不必焦虑。但为了应对孩子已经发展出来的自主意识,在跟孩子交流时尊重孩子的意愿很重要,要引导孩子从"说不"到"说好",这其中给予选择很有必要。但面对比较小的学龄前的孩子,给予的选择应该是有限的,因为无限的选择会失控,我们看下面一个例子:

背景:莉莉要出去玩,外面比较冷,妈妈要莉莉穿件衣服出去。

妈妈:外面冷,要多穿一件衣服出去。
莉莉:我的衣服是长袖。
妈妈:长袖不够,要多穿一件外衣。
莉莉:不冷。

妈妈：出去就冷了，快穿一件，我们就出去了。

莉莉：嗯（站在原地未动）。

妈妈：要不你自己去拿一件喜欢的衣服。

莉莉：好啊（跑去房间，过一会儿拿了一条夏季穿的无袖裙子）。

妈妈：怎么选了这个？这是裙子，不行！

莉莉：我就要这件，就穿这个……

妈妈：不行，我去给你换一件。

莉莉：不要……（哭腔）

在以上对话中，我们看到莉莉的妈妈本来是好心让莉莉去选自己喜欢的衣服，结果失控了，因为她给莉莉的是无限选择。孩子在无限选择面前会作出非理性的判断，把事情搞砸。但比把事情搞砸更糟糕的是，孩子很难接受他的选择不受尊重的结果，感觉到他的选择权被剥夺，于是情绪跟着失控。想一想，我们成人如果被老板信任，赋予权力去做某件事情，我们兴致勃勃地去做。但做出来以后，老板来一句："你做得不对，要重做！"那时你心中的委屈和羞辱是难以忍受的。这种不堪的感受其实也是孩子在他的选择被推翻时所经历的，只是我们作为成人，大脑会阻止我们去顶撞老板，选择顺服；而孩子的大脑没有那么强大的控制力，会让情绪发泄出来，跟大人闹一场。

但如果给孩子有限的选择，情况就变得容易掌控。如果莉莉的妈妈要求莉莉加一件外套后，然后给莉莉有限的选择：你想穿那件粉色的外套，还是那件带花的外套，还是后面有帽子的外套？你在这几个当中挑一件？这种有限的选择既尊重了莉莉的意愿，也限定她的选择不至于离谱。

有限的选择的目的是让孩子自我做主，有被尊重的感觉，同时这种感觉又产生在既定框架之下，让局面不因选择而失去控制。比如家长想让孩子吃苹果，不要直接问："想不想吃苹果啊？"这样的问句容易得到孩子否定的回答"不想！"然后行动不下去。如果家长先说："我们现在吃苹果咯。"（定下框架），再问"你要吃红苹果还是绿苹果啊？"（有限的选择）这种问话把孩子的思维引到要吃什么样的苹果上，而不是考虑吃不吃苹果，所以更容易促成"让孩子吃苹果"这个行动实现。在这个过程中,孩子因有自主选择的机会而满足,家长也因目的实现而欣慰,是比较圆满的双赢局面。

有时候家长需要想办法制造一些选择,比如吃苹果时,家里如果只有一种红苹果,家长也可以问:"你想把苹果切成一小块的吃,还是想整个吃?"想哄孩子去睡觉时,孩子其实无法选择其他活动,家长也可以问:"今天睡觉前讲一个长故事还是讲两个短故事?"只要关注细节,选择项目总是有的,家长需要学会准备这些选项,在语言中表现出来,让孩子感到你在和他用商量性的口气说话,你尊重他的意愿,他的"自主性"有充分发挥的空间。

有限的选择的本质是孩子在大方向上其实是没有选择,有选择的是细节和过程,这有点像在成功的企业里,大方向由老板定,具体操作放手让员工干。如果老板太亲力亲为,统管细节,不给员工一定自主权,这个企业上下级关系就不太顺,很难成为大企业。同理,如果父母统管孩子的一切,话语中没有选择和商量,那么孩子不但会经常跟父母发犟,而且像被大树压制的幼苗那样很难茁壮成长。

回到跟孩子说理中,当家长摆出理由规范孩子的行为的时候,加上有限的选择这一策略助攻,会比较容易促成孩子去执行指令。需要指出的是，有限的选择有时不是选择做哪件事，而是一种说法，一种让孩子能够比较有尊严的说法而已。我们看下面一段对话：

背景：朵朵吃完晚饭，下桌子后妈妈要她换一双鞋子，准备过会儿洗澡。朵朵换了一双拖鞋，但没注意到她的脚穿了不配对的拖鞋。她穿这双鞋子在家里走动的时候，妈妈发现了。

妈妈：哎，你的脚怎么有些不对？哈哈，鞋子穿错了。

朵朵：（看了一下自己的鞋子）没错，就是这样！

妈妈：你看你长短脚啊！（注意到朵朵走路不平衡。）

朵朵：我的脚就是这样的。

妈妈：你那样舒服吗？

朵朵：舒服。

妈妈：我看着怎么就这么不舒服。（拿出另外两个不配对的鞋子）你看，你真的是穿错鞋子了，这两个鞋子不一样呢。

朵朵：嗯……

妈妈：你说你是小笨笨呢，还是故意穿错要好玩？

朵朵：我是故意好玩的。

妈妈：我知道你就是故意的，好了，我们玩过了，现在换回来，你要穿哪一双鞋？

朵朵：这个（换上配对的一双鞋）。

在这段对话中，朵朵的妈妈指出朵朵的鞋子穿错了，但朵朵不愿意承认，她即使一脚高、一脚低，也要声称自己这样很舒服，这其实是她需要维护自己尊严的表现。当妈妈拿出另外两只不配对的鞋作为证据展示在朵朵面前（逻辑型法则），朵朵面对"铁证"无法推诿，但她还是不愿意爽快地承认自己的错误，她的"嗯……"流露出"我的小面子往哪儿搁？"的尴尬。朵朵是个自尊心很强的孩子，她觉得穿错鞋子像个低级错误，自己犯了这种错真是难以接受啊！妈妈觉察到朵朵的不自在，立刻在言语中给出两种选择：你是小笨笨还是故意要好玩？这句话道出穿错鞋的原因，除了是低级错误（小笨笨）外，还有另外一种比较"体面"的可能，那就是故意的，为了好玩。这个选项让朵朵的自尊心有了停放之处，她立即选择自己是故意的。然后妈妈再让朵朵选择穿哪一双鞋，朵朵就容易配合了，她非常顺从地选了一双配对的鞋子穿上。

此处想延伸一点，孩子的自尊心和面子观念有时候是非常重的，一点也不亚于大人，有时候他们为了自己的"小面子"不惜干出愚蠢的事。比如，有些孩子在集体学习和游戏中专门捣蛋破坏，这其中的原因也许不是这些孩子天生坐不住，或不会配合，更可能的原因是他们没理解学习的内容或游戏的规则，为了掩盖自己因为不懂显得比较笨，他们会选择用调皮捣蛋来掩饰：我不会这些是因为"我不感兴趣"！作为家长和教育工作者，要敏锐地捕捉到孩子行为的心理动机，与其要孩子端正态度，不如耐心地花点时间帮他们理解学习内容，让他们能够"有尊严"地加入集体活动。有了理解和领悟，孩子才可能对学习活动感兴趣，改变态度。对于儿童教育来说，改变态度是正确教育活动的结果，而不是前提。想通过说教要孩子改变态度是本末倒置的行为，需要坚决摒弃。

当我们成年人不断努力，为了自己有一份有尊严的生活时，不要忘了，孩子们也在努力，为了自己在家长和同伴们面前有尊严。追求尊严是人类区别于动物的高级心理动机，这种动机需要维护加强。

我们需要关注孩子的尊严感，维护孩子的"小面子"，在言语中给孩子一些选择，给一些台阶，这样，你的宝贝不但更加乐意听从你，也会更加乐观自信，成为心理强大的人。

平等交换法：让孩子愉快地接受你的建议

平等交换是人类交流互动的一个基本原则，即便在很亲密的关系中，哪怕是家人之间，无论是物质交换还是精神交换也需要平等，若不平等，芥蒂必生，矛盾易现。

孩子心中也有一杆小秤，在人际交流中，他们心中的这杆小秤也忙乎不停，左右晃动，哪一头重就倒向哪一头。只是在我们成人眼里，孩子的小秤特别邪乎，专门倒向我们不愿看到的坏的那一端。所谓"好话听不进，坏话一听就灵"的现象频频出现，为什么？

在很多童话故事里，作为主人翁的小朋友好像也比较容易受坏人的引诱，忘记正事儿，然后大吃苦头，剧情跌宕，到最后才克服困难，学到教训。比如"小红帽"的故事，小红帽在看外婆的路上碰到大灰狼，大灰狼建议她去摘野花，不负春光，她便高高兴兴地去采野花了，忘记了要看外婆的正经事。于是大灰狼有机会在太阳下山前跑到外婆家，扮成外婆，躺在外婆的床上等小红帽自投罗网。经典的童话故事漏洞虽然多（比如"小红帽"中的大灰狼为什么路上不吃掉小红帽，而非要在外婆家里等她上口？），但这些故事之所以千百年流传，是有其打动人心、引起共鸣的妙处。"小红帽"的故事表明：单纯善良的孩子是多么容易被邪恶力量伤害利用啊！小朋友们要谨记、谨记！

很多童话其实并非"童话"，它们是真实生活的折射。童话中常见善良容易被邪恶利用，罕见邪恶容易被善良引导，这在真实生活中也如此。小朋友容易"向恶靠拢"，那是因为任何邪恶的本质是人性的放纵和堕落，是毫不费劲而看上去有趣的；而向善的行动往往需要自我约束，付出努力，是费劲而且看上去枯燥的。就像小红帽，和拎着一篮子食品赶路看外婆相比，春日中采花是多么令人陶醉，这让她不自觉地走向森林的深处、暗处。

那么要怎样让小朋友回到正道，走向光明呢？如果我们像小红帽的妈妈那样叮嘱："要一直在大路上走，尽快到外婆家里，外婆病了，在等待你……"这样的叮嘱重复几十遍可能也比不上大灰狼的一句引诱："森林里的花很漂亮，为什么不趁着阳光明媚去采些花？说不定外婆喜欢呢？"小红帽虽然知道妈妈的话很重要，但心中的小天平会情不自禁地倒向大灰狼，因为那听上去又有趣又合理啊！

但如果森林里出现了另一个小仙女，她对小红帽这样说："小红帽，你为什么在这里采花？外婆家附近的花才是最好看的。你赶快去外婆家，外婆见到你病就好了，然后陪你一起采花，你们会有一屋子的美丽的花。"小红帽如果听到这样的话，一定会迅速重返正道，直奔外婆家，因为小仙女的建议比大灰狼的更有趣！

在"小红帽"的故事中我们看到，小朋友走歪路，做错事，往往是在有诱惑的情况下自然而然地受兴趣驱使，而不是故意不听大人的话。要将小朋友从"歪路上"拉回来，需要像小仙女那样，**提供一个更有趣，或至少同等有趣的方案，这就是引导孩子行为中非常重要的平等交换原则**。

很多家长在看到孩子有一些不适宜的举动时，下意识的反应总是阻止，阻止，再阻止，大声阻止，甚至动手阻止。但如果知道孩子真正的兴趣在哪儿，用平等交换的原则就能因势利导，转变局面。家长对孩子的行为引导没有效果，往往是因为不知道抓住孩子的兴趣点，没有用上平等交换的原则。我们看下面一段对话：

背景：平之在电脑上看一些网络上的《蜘蛛侠》（*Spiderman*）的故事片段，他对网络视频的使用已经比较熟练，能够自如地选择切换，他一个接一个地看得津津有味。妈妈觉得他看得太久了，想让他停下。

妈妈：你看《蜘蛛侠》看了很久了，再看眼睛要坏了。

平之：再看一个。

妈妈：那再看最后一个。

（几分钟以后。）

妈妈：这个已经看完了，电脑要关掉。

平之：这个还没完，那个绿毛人还没死。

妈妈：这段视频已经看完了，那个绿毛人不知道什么时候死，快关了。

（平之继续盯着电脑。）

妈妈：我们出去玩积木，外面积木都散在地上，我们玩一会儿就睡了。

（平之打开另一个视频。）

妈妈：怎么又看了！

平之：就看一个。

妈妈：那这真的是最后一个了。

在这段对话中，平之的妈妈试图把平之从电脑前拉开，但没有成功。她对平之的这段劝说过程出了什么问题？

平之妈妈刚开始的说理有些力量，"再看眼睛要坏掉"，这是逻辑型说理，是事实，平之无法反驳，但他马上讨价还价，要"再看一个"，妈妈在这个时候妥协，同意再看一个也没有错，因为她事先没有警告要结束，这次妥协应该是一个预警，下一个视频结束一定要关了。但问题就出在下一个视频结束时，妈妈的行动不够果断，说好了是下一个视频结束就关电脑，而不是故事结束（绿毛人死了）才关，这是原则，妈妈应该坚持。当然孩子想继续看故事的心情非常强烈，关上电脑孩子可能会闹，妈妈在坚持原则时应该对此有准备，不怕孩子闹。此外，还有一个方法是提供另一种方案，将孩子引导去做其他事情。平之的妈妈显然不希望孩子闹，她此时抛出另一个选项，吸引平之去做其他事情，这个思路是对的。但她抛出的选项是玩积木，这和平之的兴趣不对等，无法将平之从电脑前吸引开，最后妈妈眼睁睁看着平之打开另一个视频，妥协下去，这是一个非常失败的管教，会助长孩子任意妄为的习气，下次关电脑会更难。

　　如果平之的妈妈抛出的选项和平之的兴趣相符（平等交换原则），情形就可能不一样，如果妈妈这样说："我这里有蜘蛛侠的故事和图片，我们一起看看，那里可能有绿毛人怎么死的线索，我们把绿毛人怎么死的画出来好不好？"这个建议一定会让平之动心，因为这是他的兴趣的延伸，还是做他感兴趣的事情，只是用另外的方式去做。

　　现在很多家长知道，电子产品对孩子的健康和智力有不良影响，希望孩子不要迷恋电脑、手机等，但其实吸引孩子的不是"屏幕或声光电"这些硬件，而是硬件中反映的故事内容和游戏设置等，家长要仔细分析孩子的兴趣点，找出相应的其他方法去延伸孩子的兴趣点，就能够有效地将孩子从电子产品中转移开。此外多带孩子进行户外运动，参加体育游戏，一旦孩子喜欢上真实的游戏所带来的成就感和团队归属感，就必然不会迷恋虚拟的游戏。

引导孩子的行为需要因势利导，这其中的"势"就是孩子的兴趣点，了解孩子的兴趣点，根据兴趣点，用平等交换的原则去疏导孩子的兴趣至关重要。兴趣是孩子小天平上最重的砝码，当你手握这块砝码，孩子的小天平就慢慢倒向你，来自大灰狼或其他"邪恶"力量的引诱就慢慢失灵了。

演示强化法：榜样的力量是无穷的

人作为社会群体的一员，普遍有着从众的心理。从众的心态在幼儿期表现更明显（Association for Psychological Science, 2014；Blair, 2003），比如，3岁以下幼儿有个"平行玩"（paralleled play）的阶段（López & González, 2021；Smith& Jones, 2022）：一个小朋友拿起棍子在桌上敲，其他小朋友就要跟着敲，做同样的事儿。3岁以上的幼儿慢慢从"平行玩"过渡到"配合玩"（cooperative play），即玩中扮演不同角色，不再做同样的事儿，但孩子们还是喜欢跟风：如果同伴有一个"冰雪奇缘"的小贴士，那我也要一个。

正是因为孩子有着严重的"从众"心理，教育才会

第五章 说理的心理策略：怎么说孩子不会犟？

强调"言传身教"，强调榜样的力量。榜样的力量是无穷的！榜样的力量就是演示、强化的力量。

在跟年幼的孩子说理时，我们有时候不但要给出理由，也要有人行动，演示、强化正面的信息。我曾在一家澳大利亚幼儿园的小班（2～3岁）看到以下一幕：

背景：一个孩子 Adam 走过地毯时碰翻了一个装小塑料动物的盒子，里面的塑料小动物撒了一地，老师这样反应：

老师："Adam, you spread the small animals on the floor, please pick them up or other children cannot play with them."（这些小动物是你散在地上的，你应该捡起来，不然别的小朋友不能玩。）

（Adam 看了看那些玩具，反而走开。）

老师：（喊了另外一个站在旁边的小朋友 Adel）"Adel, can you please help pick these animals up? I need some help."（你能帮我捡这些小动物吗？我需要帮助。）

（Adel 很快就来帮老师。）

老师："Adel, Thank you so much for picking these animals up, you are such a good helper!"（真是谢谢你，Adel，你真是一个好帮手啊！）

163

（Adam 看到 Adel 去帮忙，老师又表扬了 Adel，就马上也加入，努力捡那些散出来的塑料小动物，把它们全部装回盒子里。）

老师：（趁机表扬 Adam）"Wow, Adam is a very good helper too."（哇，Adam 也是一个非常棒的帮手啊。）

在这个老师的引导下，两个孩子将这次小混乱很快就干净利落地收拾好了。

在以上场景中，老师劝说 Adam 去捡玩具，为自己的过失负责，这种劝说似乎不太成功，尽管老师用了合作型的说理（你不捡起来，其他小朋友不能玩）。Adam 不为所动，他的表现是走开，想逃避自己犯下的错。逃避其实是很多孩子犯错后的第一反应，因为他们自己有时也会被所犯下的错误吓住，此时的孩子心理状态是惶恐的，这是为什么在很多情况下孩子犯错后要他们马上认错会有点难的原因。Adam 的老师比较有经验，她见 Adam 走开，没有强行要他回来执行指令，而是请另一个孩子 Adel 来帮忙。老师请 Adel 来是因为她了解这个孩子的性格，这个孩子一般比较配合老师的指令，属于"听话"那种类型的孩子。Adel 的行动在这个场景中起到了一个演示的榜样作用，老师对 Adel 的赞扬进一步强化了这种力量，也让 Adam 看到执行老师的指令的好处，在从众和想获得表扬的双重动力驱使下，Adam 回头来配合了。

不得不说，这位老师有一双洞察"孩性"的慧眼，恰到好处地运用了 Adel 这个小榜样的力量。

在家庭教育中，为了引导孩子的正面行为，也需要榜样，其实家庭成员中任何一个人都可以扮演 Adel 那样的角色，只要成员之间能够互相配合。比如，妈妈说："要收玩具了。"在妈妈鼓励孩子收玩具的时候，爸爸在一旁不要无动于衷，要响应妈妈的"号召"，领个头，这样让孩子更容易跟进。家庭教育是全家大人的责任，不是妈妈或爸爸一个人的责任，大人之间的默契配合非常重要。即使大人之间有些矛盾，在孩子的管教上也要尽量统一合作。

此外，家长在运用榜样的力量时要考虑到孩子的年龄接受程度，选错了榜样，用错了时机，都会让榜样树不起来，把事情搞砸。我们看下面一个情景：

背景：乐乐（2岁半）家里来了客人，一个阿姨带着一个小哥哥子明（4岁半）到他家来做客。乐乐的妈妈把乐乐的玩具拿出来，她鼓励乐乐跟子明分享玩具。

乐乐妈妈：我们把家里的车车都拿出来跟哥哥一起玩，好吗？

（乐乐拿起一个大玩具车放到身背后。）

乐乐妈妈：不要小气啊，哥哥难得来一次，快给哥哥玩。

（乐乐抱着玩具汽车躲得更远。）

乐乐妈妈：（把乐乐抱回来）快把车子放在中间大家一起玩。

乐乐：（哭闹）不要哥哥玩！

子明妈妈：乐乐不哭，子明自己也带了一个小车。子明，把你的小车给弟弟玩一下好吗？

（子明拿出自己的玩具小汽车递给乐乐。）

乐乐妈妈：你看哥哥多听话，他都把自己的车子拿出来了，你也把车拿出来，跟哥哥一起玩多好！

乐乐：（推开子明递过来的玩具车）不要！

在以上的情景中,乐乐的妈妈先让乐乐分享他喜欢的玩具,乐乐不愿意分享,这时妈妈不该强求,因为乐乐才2岁半,还不理解分享和给出的区别,不知道分享东西是让别人玩一阵后,东西会回到自己手中,所以他要坚决维护自己的利益。对乐乐这么大的孩子来说,要他跟朋友分享心爱的玩具车,就像要成年人跟邻居分享珍贵的宝马车一样难,他一定不乐意。后来子明的妈妈来解围,要子明先给乐乐自己的玩具车。子明4岁多了,懂得分享的意义,他很快递给乐乐自己的车,这个举动很好,可惜晚了,乐乐已经发犟了。如果以上情景变换一下,在乐乐妈妈鼓励乐乐分享玩具之前,子明的妈妈要子明先拿出自己的汽车,给乐乐先玩,这样带个头,乐乐就容易分享他的玩具了。这种伙伴带头比妈妈说十几遍"不要小气"要管用得多。

以上情景之所以闹得不愉快,第一,乐乐的妈妈要求孩子做一件超出他年龄范围可以理解和接受的事情;第二,没有让子明先带头做榜样,带动乐乐去分享玩具。其实孩子们在一起玩的时候,鼓励年龄大的、比较"懂事"的孩子去做正确的事情,演示强化好的效果,就会比较容易带动其他更年幼的孩子。

这里忍不住说一些关于二胎教育的话题。中国很多家庭有了第二个孩子后,会有一些如何协调两个孩子关系的困惑。当年幼的弟弟妹妹出现后,父母关注的重心容易转到老二身上,原来集万千宠爱于一身的老大会受到一定程度的冷落,而且中国传统育儿习惯是大的孩子要让着小的孩子,大孩子吃点亏是应该的。这种传统其实埋下很多隐患:第一,这容易让两个孩子产生敌对情绪,大孩子会嫉妒弟弟妹妹夺去曾属于他的父母的爱,由此可能对弟弟妹妹会有不友好的态度;第二,这会让两个孩子都心理不平衡,老大因长期忍让而畏缩,老二因长期"倚小卖小"而骄横。正确的做法是当弟弟妹妹出现后,父母对哥哥姐姐的关爱要更多,要舍得为哥哥姐姐投入教育时间,把哥哥姐姐教育好,成为正面的演示强化力量,同时鼓励弟弟妹妹向哥哥姐姐学习。这样老大既担起长子的责任,又更会爱护弟妹,家庭教育走向"父母省心,孩子亲密"的良性循环轨道。

第六章

案例翻转训练：
你是一个说理高手吗？

"书到用时方恨少，理在说时才觉亏"，这种现象好像是生活中时常袭上心头的遗憾。这种遗憾可以通过努力学习和勤奋操练来减少，甚至可以避免。说理是个技术活儿，有效的说理是那种让人感觉闪着一点"智慧的火花"的语言，要达到这种境界需要懂方法，并经过一番磨炼，这和学习任何技术是一样的。

在前面的章节中，我们了解了一些如何进行有效说理的方法和技巧，现在我们试着运用这些方法，进一步锻炼自己的说理水平。在这一章节中，我列出7个案例，这些案例和前面出现的案例一样，有背景，有对话，我们先用说理层次四步导入法去分析案例，找到问题在哪儿，再用已学过的方法和技巧想出更合适的说法去引导幼儿。这7个案例只是一种导入，以后生活中多回顾自己说的话，观察别人怎么说话，想一想其他更有说服力的话语，就会慢慢提高自己的说理水平。

7个案例：7种情境中家长使用的语言

以下7个案例都是家长在不同的场景引导孩子行为时，跟孩子进行的对话交流，请仔细阅读案例，思考这些家长所用的语言，用前几章所学的知识和去分析判断这些家长的语言。请注意这一节的每个案例都在下一节的"案例翻转"中有对应的"参考答案"，但这些答案只是我个人的理解和想法，不是标准答案。读者在想出自己的答案之前最好先不要阅读后面的"案例翻转"。我相信，高手在民间，读者会给出更好的答案，想出更高明的说法。

案例1　为什么要收玩具?

背景：平之（4岁半）在家里玩积木，积木散得到处都是，妈妈要他过来收玩具，把积木装进一个大盒子里，平之有些不耐烦，妈妈就开始用语言劝导他。

妈妈：我们要把积木都放回去，知道是为什么吗？

平之：知道。

妈妈：为什么呀？

平之：（跑到妈妈背后，跳到正蹲着捡积木的妈妈的背上）因为妈妈会给五角星！

妈妈：什么五角星，我们把玩具收好，家里才会干干净净看着舒服，乱七八糟的多难受。

平之：乱七八糟的也舒服。

妈妈：那只是你舒服，别人不舒服。快把那几块积木捡起来！

平之：那你要给五角星。

妈妈：嗯，都捡完了就给你。

案例2　地铁车门怎么还不关？

背景：一个爷爷带着不到3岁的孙子坐地铁，小孙子在座位上看外面的风景和人们上车下车。当地铁行驶到一个比较大的车站时，停留的时间比较长，车门也一直开着，小孙子这时问爷爷。

小孙子：爷爷，那个门怎么还不关啊？

爷爷：是啊，车门开了好一会儿了。

小孙子：门开了好一会儿了。

爷爷：这没人给命令啊，你要命令门，对门说"门快关上"，门就关了。

小孙子：快关上。

爷爷：声音要大一点。

小孙子：（大声）门快关上！快关上！快关上！

（周围乘客哄笑。）

（车门过了一阵关上了。）

爷爷：瞧见了，你一说，它就关了。

小孙子：快关上！快关上！

（周围乘客再次哄笑。）

爷爷：好了好了，等到站门开了再说。

案例3　被人抢了玩具应不应该打回去？

背景：萧萧（4岁2个月）的妈妈到幼儿园接萧萧回家时，被老师告知萧萧今天在幼儿园里打了另一个小朋友。回到家里，妈妈问萧萧为什么打人，萧萧回答说是那个小朋友先抢了他的玩具，所以他打了回去，但老师没看到他的玩具被抢，只看到他打了另一个小朋友。妈妈听了萧萧的述说有些不舒服。下面是萧萧和妈妈关于这个主题的对话：

萧萧：是那个凯威先抢玩具的。

妈妈：他抢你什么玩具。

萧萧：卡车，我先拿到卡车，然后他也想，他老是抢。

妈妈：你告诉老师了吗？

萧萧：没有。

妈妈：怎么不说呢，多傻！要告诉老师啊！

（萧萧看着妈妈不出声。）

妈妈：凯威老抢你的东西就是不对，下次他抢你还是要打，打完以后告诉老师，这样凯威就不敢欺负你了，老师也不会怪你，知道吗？

萧萧：嗯，知道了。

案例4 上飞机时不能玩玩具

背景：在登机口，一个奶奶带着3岁左右的小孙女登机，奶奶背着包，手腕上挂着一个小毛绒玩具。进入机舱后，小孙女要拿奶奶手腕上的毛绒玩具，奶奶阻止她。

（小孙女伸长手去拿毛绒玩具。）

奶奶：（拍打她的手）现在不玩玩具。

（小孙女再次伸手。）

奶奶：（把手腕抬高，让小孙女够不到玩具）听话啊，现在不能玩，等马上到座位了再玩。

小孙女：（拍打奶奶手臂，哭闹起来）要嘛，要嘛！

奶奶：（严厉声）这么不听话，大家都在走，还没坐下来玩什么玩。

小孙女：哇——（彻底哭开。）

(奶奶拽着小孙女到座位上,然后把玩具给她。)

(小孙女气恼地推开玩具,不理奶奶。)

案例5　吃饭前不能吃零食

背景:子明(4岁半)的妈妈在厨房做晚饭,子明跑到厨房,打开冰箱找东西吃。妈妈不希望子明在吃晚饭之前吃零食,就劝阻他。

妈妈:子明,你干什么呢?

子明:我要吃零食。

妈妈:(边做饭边说)马上要吃饭了,现在不能吃零食,现在吃了等会儿吃饭吃不下。

子明:嗯嗯,我饿了,我想吃东西嘛。

妈妈:(继续做饭)等几分钟就好了,那么猴急,有

那么饿吗?

子明：我都快饿死了！（打开冰箱找东西吃）

妈妈：那你只能吃一点点。（继续做饭）

（子明拿出薯片和海苔，接着拿果汁。）

妈妈：（转身看到）太多了！你现在不能吃那么多！

子明：我就吃一点点。（拿着食品走向客厅）

案例6 不要在小溪边玩水

背景：周末的下午，爸爸妈妈带着孩子小麦（3岁10个月）去远足郊游。走进山林中，一条小溪豁然而现，此时清风徐徐，松涛阵阵，爸爸妈妈觉得要停下来休息一阵。爸爸妈妈在一块大岩石上坐着休息，但小麦对小溪产生了兴趣，趁着爸爸妈妈不注意，他拿着一个空瓶走到小溪边，想弄些水。他一次次将瓶子横着放在水里漂一下就拿起来，弄了几次，瓶子依然是空的，爸爸妈妈发现后叫小麦住手，要他走回来。

爸爸：小麦回来，不要在小溪边玩水。

（小麦不理爸爸，继续将瓶子放在水中。）

爸爸：小孩不能玩水，危险！

妈妈：小麦听话，爸爸说了危险。

（小麦又将瓶子放进水中，然后拿起来，看着空瓶子一脸困惑。）

妈妈：（走过去将小麦的瓶子拿住，牵着小麦往回走）你那样是弄不到水的。爸爸那儿有水，我们到爸爸那儿弄些水。

小麦：瓶子里没水。（给爸爸看空瓶子）

爸爸：下次不许这样了，危险，知道吗？

小麦：嗯。（回头看了一眼小溪）

案例7　上完厕所再玩火车

背景：小迪（2岁半）在客厅里玩火车游戏，妈妈提醒他去上厕所，因为小迪还在排便训练阶段，妈妈担心他会小便失禁，把客厅弄脏。

妈妈：小迪去上个厕所，你很久没上厕所了，不要尿裤子了。

（小迪继续玩玩具火车，不理妈妈。）

妈妈：不玩了，我们先去尿尿，等下再来玩。

小迪：我不想尿。

妈妈：等你想尿就来不及了。快，现在去，上完厕所再玩玩具。

（小迪不理妈妈。）

妈妈：我数一、二、三了，数完我们就去。

（小迪继续玩玩具火车。）

妈妈：一、二、三，我数完了，现在我们去。（妈妈起身抱起小迪）

小迪：不要嘛，不要！

（妈妈抱着小迪进入厕所。）

案例翻转：更合情合理打动孩子的说法

案例1　为什么要收拾玩具？

分析：妈妈跟平之解释要收拾玩具的原因，平之的理解是，收玩具是因为妈妈要给五角星，这种观念的形成跟平之妈妈长期以五角星为激励（贿赂）有关。其实给五角星小贴士不是很好的引导孩子的方法，所以很多西方幼儿园不鼓励老师用"小贴士"作为表扬方法去引导孩子的行为。我们先用说理的层次的四步导入法来分析一下妈妈的理由：

声称：我们要把积木都放回去。

原因：我们把玩具收好，家里才会干干净净，
干净才看着舒服，乱七八糟的多难受。

原则：玩具整理好是家里干净舒服的必要条件之一。
很多人有喜好干净、嫌恶乱七八糟的天性。

立场：逻辑型法则。
符合多数人的感觉的合作法则。

应该说在这个场景中，平之妈妈的说理还是比较合理的，她用了逻辑＋合作这种黄金组合的法则。但平之妈妈的说理好像还不够强大，甚至平之都能钻空子，反诘一句：乱七八糟的也舒服。平之钻的空子是妈妈合作法则中的"干干净净，看着舒服"，这个法则的立足点是个人的感觉，而个人的感觉会有不同。很多合作法则是基于个人的感觉，这让不讲道理的人可以找到借口，声辩他们有不同的感觉，比如，平之说"乱七八糟的也舒服"其实没有彻底错，现实生活中也确实有少数人觉得乱七八糟不碍事儿，而且孩子玩的时候都是乱七八糟的，他们在其间似乎也很舒服自在。

逻辑型和合作型法则都很强大，但运用时需要引起听者情感上的共鸣才会更有效，如果听者的感受不同，说服力会大打折扣。在这个案例中，虽然妈妈说的都不错，但"干净才看着舒服"这个理由是基于某些成年人的共情，而非基于和平之的共情，所以无法打动平之。好像还是那

个五角星小贴士最终发挥作用，平之似乎是冲着五角星去收拾玩具的。在这个案例中，如果平之妈妈结合平之自身的需要和感受去劝说，除了说积木收拾好家里就干干净净，再补充一句："积木要收拾好才不容易丢失，不然积木少了，就不好玩了，而且积木收拾好以后下次玩能很快找到它们。"这样的语言也是逻辑＋合作的黄金组合，但比平之妈妈的诉诸感觉的语言更有说服力，因为这样的语言和平之下次玩积木的需求联系起来，对他的触动会更大。

案例2　地铁车门怎么还不关上？

在这个案例中爷爷用了一个"玩笑"去诱导小孙子去命令地铁车门关上，即只要小孙子发命令，门就会关上。不到三岁的小孙子天真无邪，真的信了，认真地执行起爷爷的诱导，给那扇门发号施令，这让周围乘客也觉得有趣好笑。但需要指出，爷爷的话虽是玩笑，但这是一种消费孩子的天真无邪的玩笑，对孩子影响不好。第一，孩子在这种情境下其实是学到一个错误的信息，他真以为地铁的门关上跟他的指令有关系（其实毫无关系）；第二，孩子受到大家不正常的关注，错误的自我意识（我的话很厉害）会膨胀。爷爷的话肯定是一个误导，但这个误导的本质是什么，我们不妨分析一下。

声称：你要命令（地铁）门关上。

原因：你对门说"门快关上"，门就关了。

原则：地铁门的开关受控于小乘客的命令。

立场：小群体原则（爷爷凭空捏造的）。

在这个场景中，本来小孙子问了一个很好的问题："那个门怎么还不关啊？"这是孩子对周围现象的仔细观察，敏锐地捕捉到地铁在这个站停留的时间比其他站长一些，火车门开的时间也比较长，所以提出问题。这时正确的说法是用真实的原因跟孩子解释这个现象，应该这样回答孩子："这个门还不关是因为这个车站比较大，这里有很多人上火车、下火车，火车门要开得时间长一些，让大家都准备好了，再关上。"这样的语言反映出真实的状况，让孩子对周围的世界多一分了解。

案例3　玩具被抢应不应该打回去？

在这个案例中，萧萧的妈妈觉得萧萧被老师批评有些冤枉，因为是另一个小朋友凯威先欺负了萧萧，抢了萧萧的玩具卡车，萧萧才打了回去，但老师没看到前面凯威的错误，只看到萧萧打人。妈妈内心觉得萧萧打回去有道理，只是不幸给老师抓到把柄，于是她给萧萧出了一个主意，以后既要打回去，也要告诉老师，这样才不吃亏。妈妈的说法有道理吗？我们仔细分析一下：

声称：下次他抢你还是要打，打完以后告诉老师。

原因：凯威以后不敢欺负你。

告状后老师知道原因就不批评你。

原则：会打就不会被欺负。

老师知道小朋友打人有原因就不会批评打人的行为。

立场：社会群体法则（很多人认同的，但法律不赞同的原则）。

小群体法则（萧萧妈妈自以为是的老师评判行为的法则）。

从以上的分析中，我们看到萧萧妈妈的说法其实有些站不住脚。她的第一个理由基于社会群体法则，即民间"拳头是硬道理"的观念，这个观念本身就有问题。鼓励孩子"打回去"其实是鼓励孩子用暴力解决问题，这不是处理纠纷的正确方法。如果萧萧打回去，凯威再打过来，大家最后比谁的力气大、谁的拳头硬就走向了歧途。萧萧妈妈用的第二个理由是基于小群体法则，即她自以为是的理由，即老师知道孩子打人有原因就不会责怪。但事实上，有素质的幼儿园老师即使知道一个孩子打人有原因，也会教育这个孩子打人是不对的，要用其他方法解决问题，打了人再告状并不能逃避老师的责罚。那么当一个孩子面临其他孩子的侵犯性行为时，应该怎么做呢？

更合适的方式是教孩子首先用语言表达自己的愤怒。当凯威抢萧萧的东西时，萧萧可以大声说："嘿，不行！那是我的，你不能抢！"然后再用语言协商："你要马上还给我，如果你还给我，我过一会儿可以给你玩，如果你不还，我就告诉老师。"面对侵犯性很强的孩子，语言可能不起作用，下一步再告状就很重要了。要跟老师申诉凯威的霸道行为，获得老师帮助讨回公道。这样做才是既不被凯威欺负，也不被老师责罚。寻求公正往往需要借助其他更强大的力量，单靠自己的力量可能不够，依靠暴力更不行，要让孩子从小树立正确面对侵犯性行为的态度。

此外，孩子在幼儿园的纠纷事件上，老师的角色很重要，老师需要分辨纠纷原委，主持公道，阻止任何侵犯性行为。在幼儿园里，老师的力量就像成人社会的法律的力量，公平合理非常重要。如果老师失去公正，孩子的侵犯性行为得不到制止，冤屈产生，暴力就可能出现。如果家长知道老师不够专业，处理事情不够公正，则需要找幼儿园管理层沟通。在一些极端事例中，有些孩子因为家长管教不力，长期纵容，侵犯性行为屡教不改，那么这种孩子应该被勒令退园，让纵容孩子的家长意识到他们孩子的行为不被社会接受。

总之，孩子受委屈之后有很多办法调节，鼓励孩子打回去、"以暴制暴"永远不是最好的选择。

案例4 上飞机时不能玩玩具

在这个案例中,奶奶和小孙女有冲突,小孙女进入机舱时突然想拿奶奶手腕上挂的那个小毛绒玩具,应该是有原因的。那个小毛绒玩具可能是小孙女经常玩的安抚性玩具,奶奶怕上飞机时混乱,孩子会丢失玩具,就将玩具套在自己手腕上。但孩子一进入机舱,在这个跟平时环境截然不同的地方,心情比较紧张,情不自禁想拿她的安抚玩具,但奶奶觉得此刻就是不能玩的,一定要坐下来才能玩。奶奶制止小孙女对不对?她说的话有没有理?我们分析一下。

声称:现在不玩玩具。

原因:大家都在走,还没坐下玩什么玩。

原则:大家都在走的时候,小孩不能玩玩具。

玩具是要坐下来玩的。

立场:奶奶自定的小群体法则。

奶奶用的两个理由其实有些牵强,事实是大家往机舱走的时候,小朋友边走边拿着玩具并没有冲突,此外,孩子玩玩具可以站着玩,走着玩,不一定要坐着玩,一定要孩子坐下来玩,理由是牵强的。应该说在这个情境中,奶奶不让小孙女拿玩具有些没道理,她的注意力只在尽快找到座位坐下来，根本没关注小孙女的情感需求，所以只是一味强行阻止小孙女的要求，这让小孙女比较伤心，最后奶奶把玩具给她，她也赌气不要了。奶奶当时更好的处理办法是直接给小孙女玩具，这样可以安抚她的情绪，让她平静下来。如果一定要小孙女坐下来再玩，也要给出更好的理由："奶奶现在帮你保管玩具，因为现在这么多人都在走，玩具可能被挤掉了，而且挤掉了可不好找，我们坐到自己的位置上再玩不是更好吗？"这样说小孙女可能还是不太高兴，但这种语言不至于让她伤心哭闹。

案例5 吃饭前不能吃零食

在这个案例中，子明的妈妈不希望子明在晚饭前吃东西，但她没有把道理讲透，表现比较软弱，子明最后还是我行我素地在妈妈眼皮下拿了一堆食品走开。这是一起妈妈管教失败的例子。如果在这些小事上家长管教不力，长此以往，家长的威信可能就会慢慢丧失，孩子会越来越"不听话"。子明妈妈最主要的问题是忙于做饭，没有把子明拿冰箱食品的行为真正当回事儿。如果妈妈严肃对待，把手中的活儿停下来，说话时眼睛看着子明，认真地跟子明讲道理，请子明等几分钟，情形可能就不一样，我们先分析一下妈妈的语言。

声称：现在不能吃零食。

原因：马上就吃饭了，现在吃零食等会儿吃饭吃不下去。

原则：饭前吃零食会影响后面的吃饭过程。

立场：遵循人体生理规律的自然法则。

应该说子明妈妈的语言用得不错，她用了逻辑型说理去规范子明的行为，子明其实对妈妈说的理由也无法反驳，但子明抛出他的理由，提升他的需求，强调道："我都快饿死了！"这个理由表明"我"现在的处境是再等几分钟都是困难的。这个理由触及妈妈的软肋：妈妈都不希望孩子经受饥饿的折磨。妈妈心软了，就让步，说："那你只能吃一点点。"子明马上钻这个空子，趁着妈妈忙，从冰箱里拿好几种食物，远远超出一点点。其实妈妈如果在说了"只能吃一点点"之后就停下做饭，帮助子明从冰箱里选一样食物（饭前压一下饿就可以），比如几片海苔，就能够基本掌控整个局面。当然妈妈也可以不让步，孩子说"快要饿死了"肯定是夸大其词，是一种撒娇，妈妈可以这样跟孩子说："我知道你很饿，妈妈现在也饿得不得了，所以我现在要赶快把晚饭做出来。你想不想知道晚饭有什么？来看看妈妈在做什么，你帮帮我，我们可以更快地把晚饭准备好。"如果妈妈这样说是在用"平等交换"的原则（同样是美味食物），转移孩子的注意力，可能化孩子的饥饿为力量，更关注晚餐。

孩子的行为习惯其实是从一点一滴的小事上养成的，

家长应该关注这些小事，不要因为手头上正在做的"大事"放过引导孩子一个小行为的细节。家务事可以慢慢做，但教育孩子的机会却是稍纵即逝。但太多的家长像子明妈妈一样，将家务事或自己其他的事放在第一位，非常认真地去做，跟孩子的交流就马马虎虎了，觉得这无所谓，这种育儿观要改变。塑造孩子的思维习惯和行为习惯是在这点点滴滴的小事上的交流中实现的，重视跟孩子从小的交流比以后陪孩子写作业、送孩子进补习班要重要得多。

案例6　不要在小溪边玩水

在这个案例中，小麦小朋友对溪水产生无比浓厚的兴趣，他想用瓶子捞些溪水上来，无奈不得法。爸爸妈妈劝阻小麦的行为，只是强调在水边玩很危险，但忽视了他的兴趣点，小麦离开了溪水也没搞明白为什么瓶子放在水里就是装不到水。爸爸妈妈对他的疑问是忽视的，因为他们的关注点是他只要安全离开小溪就行了。我们对小麦的爸爸妈妈的语言分析如下：

声称：不要在小溪边玩水。

原因：小溪边很危险。

原则：孩子在小溪边有掉进水里呛死的风险。

立场：逻辑型自然法则。

小麦爸爸说的话是基于逻辑型自然法则，应该比较有说服力，但我们发现小麦爸爸的言语过于强调危险，没有把为什么有危险说透，让孩子觉得有些茫然。在小麦不理解的情况下，小麦爸爸的说理对小麦来说，更像是"小群体法则"（是爸爸说的小溪边危险），而且妈妈后面的帮腔也是"听话啊，爸爸说了危险"，这更加强化了爸爸的个人权威（小群体法则的特征）。如果爸爸用"立场延伸法"把在溪水边玩危险背后的原理说透，比如，解释说："小溪看着不深，但如果不小心掉下去，水呛进气管里，会要命的……"这样说清楚后，孩子不但配合，也懂得了一个自然原则，效果会更好。

此外，还有更好的引导方法，不剥夺小麦对溪水的兴趣，爸爸可以告诉小麦："到水边玩可以，但一定要有大人陪同，不要一个人悄悄地去，一个人去玩会出现意外，没人帮助会很危险，大人陪同可以帮助以防意外……"如果小麦的爸爸或妈妈当中有一个人陪同小麦在溪水边玩，指导他怎么注意安全，怎么用瓶子装到水（瓶口朝下，不是整个瓶子在水里泡一下），那么小麦在小溪边的体验就比较美好了，既满足了好奇心，又学到了知识。

案例7　上完厕所再玩火车

孩子的排便训练一直是家长的关注点，小迪两岁半，还在排便训练中，妈妈自然很担心他在玩的过程中会出现意外，尿湿裤子，将客厅甚至玩具弄脏，妈妈显得急切，不断催促小迪要先去上厕所。但小迪的心思只在玩具火车上，对妈妈的话语当耳旁风，一再忽视，妈妈最后只能是数一二三，然后抱起小迪强制执行上厕所的任务。妈妈做得对不对？我们先分析一下妈妈的语言。

声称：上完厕所再玩玩具。

原因：你很久没上厕所了。

等你想尿就来不及了。

原则：很久没上厕所可能有排便的需要。

幼儿膀胱控制力有限，经常有失控的状态。

立场：基于人类生理规律的逻辑型立场。

从语言上看妈妈说的话很中肯，小迪不立刻去上厕所确实会有尿裤子的风险。但小迪把妈妈的话当耳旁风是因为这个风险在他看来是微不足道的，跟玩火车相比，尿湿裤子不算什么，反正妈妈会帮着换的。妈妈对小迪的劝说要更进一步，打动小迪的心，要跟小迪想玩火车的心态结合起来。如果妈妈阐述了风险后，再给小迪有限的选择：要么上完厕所后，安心地继续玩火车；要么继续玩火车，如果尿湿裤子，尿湿地板，火车要收起来没得玩（可以用地板要清洗的理由收玩具）。这两个选择反复强调几次，如果小迪继续玩火车，真的尿湿了，那就收起火车，让他去承担他的错误选择的后果，孩子需要有机会认识到他们的任性行为可能真的会带来一些"苦头"，这样以后才会收敛任性。在这个过程中，小迪妈妈如果给出选择，然后按自己的原则坚持执行，就掌握了主动权，这比强行拽着孩子去上厕所的效果更好。

第七章

理多人不怪：
了解一点语言学

这本书虽然是讨论怎样跟孩子说理，但其中说理的概念和语言规律也适用于成人间的说话交流。我在这最后一章做一些延伸，介绍一些"系统功能语言学"（Systemic Functional Linguistic Theory）的知识，从更广阔的语言学的角度去探讨语言交流的本质和说理性语言在交流中的核心地位，让大家对语言交流有更深一步的了解，在生活中也多用有效的说理性语言为自己的社交和职场增色。

本书的理论依据出自著名的系统功能语言学大师韩茹凯的说理性语言架构（Hasan's framework of reasoning talk, 2009）。韩茹凯和她的先生，著名语言学家，也是系统功能语言学的奠基性人物韩礼德（Michael Halliday）一起开拓了语言学的这个重要流派。系统功能语言学从语言功能角度分析语言交流的内在含义，将语言与思维以及社会交流语境紧密结合起来，强调语言不仅是交流工具，也是思维和人格的塑造工具（Halliday, 1978）。该学派在西方国家的人文教育中正产生越来越大的影响。在中国，系统功能语言学是学院派象牙塔中的一块瑰宝,学者们对其还在琢磨玩味中,还未走出在教育系统和社会上普及的第一步。本书在此夺人之先,将象牙塔中的瑰宝截取一玲珑小片,与大家共享。

知识性的介绍有些烦琐,但烦琐是学习和提升自己的必经环节,学习和提升的乐趣也是伴随着克服这种烦琐而来,下面让我们见识一下语言现象的烦琐。

语言的本质——表达思维

语言是人类的交流工具，因此大多数人将语言看成一种社会现象，但这种社会现象似乎有种超社会的能力，我们能够用语言表达出自己在某一时刻或时段的情感、思想和情景，让千里之外或千年之后的人感受、理解和共鸣。这多么不可思议！

语言能够创造不可思议的交流现象，是因为其系统本身有着先进得不可思议的功能。浩瀚的词汇、严密的句法、灵活的规则，这个庞大精密的语言系统如上天的鬼斧神工，让人越深入了解就越生出敬畏。作为语言教育研究者，语言在我眼中如日月星辰这些壮观的自然天体一样宏大而神秘，它有着人类无法超越的力量，有着无数待解的规律。

人类各种族的语言系统的源头从何而起,是迄今无法解开的谜团之一,但从总体看,语言系统的复杂程度和人类种族的文明进化程度成正比。文明程度高的地区,如中华文明、欧洲文明,其语言系统相对复杂,语言的词汇、文体、句法变化多端。比如,中文中"我"的替代词就有几十种,包括"吾""在下""不才""老夫"等,适用于不同的社会情境。欧洲语言中词汇的语态和词性的变化,也体现出人们表述不同事物的精准度和细微差异。相对而言,弱一些的文明区域,其语言体系的规模层次也处于弱势。我们很难想象中国台湾少数民族地区能够出现像《红楼梦》这样语言精致细腻的小说,或澳大利亚的土著文明能够孕育出莎士比亚那种不同文体的诗歌。从这个角度上说,语言系统是人类文明或人类群体思维水平的一面镜子。

语言学家研究语言时,一般从语言的词汇句法如何表达说话者思维,或更通俗的说法,从表达说话者的意思入手,分析词汇句法组合的规律,然后总结规律,建立语法体系。这种语法体系经常让人对语言学产生困惑和厌倦,这尤其体现在第二语言的学习中。因为母语语法体系的学习大部分在儿童期母语环境中习得而成,不觉费劲。但第二语言是一个全新的体系,庞大琐碎的新语法规律乍现眼前,顿时令人理不清头绪。想一想,中学时代谁没有在学英语的过程中被主谓宾、定状补、过去分词、现在分词之类概念搅得晕头转向,考试中又频频中考官的小计而丢分?语言学家建立语言单元的细分体系其实是为了揭示语言变化的规律,方便语言学习者,而非故弄玄虚地设置语言学习障碍。只是语言学家们没想到,在中国学习英语完全缺乏语境的情况下,语法规则成了检验学生英语水平的重要标准,他们的良好愿望被中国考官们无情地扭曲了。

如上所述,从语言词汇和句法结构出发,解释不同词句组合所表达的思维意义是传统的结构主义学派(Syntactic Linguistic Theory)研究语言的方式,以乔姆斯基(Chomsky)为代表。而以韩礼德为代表的系统功能语言学则是从相反的角度分析语言,从人类在交流中要表达的思维意义出发,对不同的思维意义进行细致划分,然后对每一类的思维表达寻找与其相应的语言词汇和句法的表述。如本书所谈到的,说理性语言是因果思维的反映,系统功能语言学先分析人类在因果思维中的不同类型,再发现不同类型的因果思维在英语语言中是如何表述的。

虽然视角是180度反差,但是有一处是系统功能语言学和结构主义语言学高度一致的:都有着庞大的对语言表述的各个单元细分的体系。系统功能语言学的体系是语义(Semantic)体系,结构主义语言学的体系是语法(Syntactic)

体系。这两个流派的核心都指向语言的本质——思维表达,只是分析语言时系统功能语言学将思维表达当成起点,结构主义语言学将其当成终点,好像大家都在爬珠穆朗玛峰,一个从南坡上,另一个从北坡上,同时揭示了语言学高峰的不同侧面。

语言的功能——有效交流

拥有语言能力是上天给人类的奇异恩赐,语言让人类交流的精确度和深度、广度远远超出我们所知的地球上的其他生物,但这种恩赐却往往被人类无视,或未被善以利用。是的,我们每天都在使用语言,我们每天说很多话,但很多说出的话是废话,没有产生有效的交流,有的甚至产生事与愿违的交流。

要有效地利用"语言"这一神器,就必须了解语言的交流功能。语言究竟有哪些交流功能?这个问题可能会难倒许多人,作为天天使用语言的熟手,我们似乎从未思考过这个问题。

那么不妨看看经常思考这个问题的大师级人物、系功能语言学开创者韩礼德是怎样解析语言的交流功能的。

韩礼德认为语言的交流功能在说话者交流的语境中完成，一个有效的交流者能够将他的语言行文（text of language）和交流语境（context of interaction）完美结合，达到信息充分沟通的目的。语言行文和交流语境结合要通过三个渠道，这三个渠道即语言交流的三大功能。

1. 语言的经验交流功能

语言的第一个交流功能是经验功能（ideational function）。语言能够反映出我们的社会生活和我们所认识的世界的各种经验。世界上强大文化的语言，如汉语和英语，都是词汇量和句法表达极其丰富的，而且这种丰富性与时俱增，能够让语言精准地反映出新时代的新经验。比如近年出现的电商、网红、代购、微博等词汇都是伴随这些年社会进入电子时代的新经验而产生的。

因为语言有着如此的经验功能，所以它在文化交流中也体现出软实力的力量。20世纪70、80年代，内地人民在港台同胞面前通常显得语言乏味，不但缺乏幽默感，更不懂一些"时髦词汇"，如资讯、绩效等，因为我们的社会经济发展落后，当时社会根本没有这样的经验存在，相应的语言发展自然也悄悄落后了。近年来，内地经济迅猛发展，新鲜事情层出不穷，语言也开始日新月异起来，俏皮的新词汇层出不穷，反超港台，轮到港台同胞开始借用内地语言，如北漂、淘宝、魔都、内卷等。

这两年，中国国力的发展，使一些词汇如"Malatang（麻辣烫）""Alipay（支付宝）"渗入西方世界。不要小瞧一个词汇在世界的普及，它代表的是一个独特的社会经验，它的普及代表一个社会经验的普及。比如Alipay（支付宝）"是中国电子支付手段迅速崛起的象征，其商业规模和发展速度是世界上其他国家一时无法相比的。英语国家虽然有类似支付手段，但为了区别中西方在这个领域的不同，英语国家直接引入Alipay（支付宝）"这个新词汇，有类似情况的词汇还有"WeChat（微信）"。这些英语新词汇都反映了中国电子通讯、经济技术领域里出现了非常独特的经验，而这些经验已经不能用现有英语词汇表达，只能引进中文词汇。这和百年前，西方世界在一切事物上领先，中文必须增加新词汇如"坦克""电灯""民主""科学"等去反映这些西方引进的新生事情，如出一辙。

语言背后是人类社会活动的经验，是文化；语言词汇的"进出口"其实是国家综合实力的较量。而这一切能够发生，是因为语言有记载经验、交流经验的功能。

2. 语言的角色交流功能

语言的第二个交流功能是角色功能（interpersonal function），语言能够反映说话者在交流中所扮演的社会角色和交流角色。

首先看社会角色。社会角色指说者和听者之间的社会关系，比如家人关系、朋友关系和师生关系等。语言中的谦词、敬词、感叹词、声调、语气等因素能够反映出说者和听者之间的亲疏远近和上下等级的关系。比如称呼时用了"您"，反映出的是说话者比听话者低一等级的角色或出于尊敬的需求，可能说话的是晚辈，或是跟听者关系不算太亲密的同辈关系。

中文词汇在社会角色表达上是异常丰富的，如前文所引，在古代社会，"我"的替代词有多种，几乎不同社会角色就有不同"我"的称呼，皇帝用"朕"，皇后用"哀家"，主人用"我"，仆人用"小的"，侍女用"奴婢"……这种称呼上的烦琐反映的是严重的社会等级，人们语言中需要时时体现这种社会等级。到了现代中国社会，这些称谓词大多消失，反映了社会等级观念的弱化，是一个值得欣慰的进步。

在交流中使用恰当的词汇反映自己的社会角色是很有必要的，因为那其中有自知之明的理性成分，也会使听者更倾向于接受自己的语言。所谓"见人说人话，见鬼说鬼话"，就是指说者对交流中社会角色的把握比较灵活，但灵活得有时失去了原则。一个有效的交流者在谈吐中会调整自己的语言去适应相应的社会角色，但见人见鬼都说比较正常的"人话"，即不超越原则底线的话。

社会角色比较容易理解，那么交流角色呢？韩礼德用两个纬度来解析交流角色。第一纬度是交流的内容：要么与信息相关（昨晚电影真好看），要么与行动相关（帮我把门关上）。第二纬度是说者的意愿：要么是给予，要么是索取。这两个纬度交叉，又出现四个交流角色(Halliday & Matthiessen, 2004)。

A. 给予信息（陈述 statement）

我喝的这种茶非常好。

B. 索取信息（疑问 question）

你喝的是什么茶？

C. 给予行动指令（建议 offer）

你要喝杯茶吗？

D. 索取行动指令（命令 command）

给我来杯茶吧。

作为说者，不论你说什么都是在扮演这四个交流角色之一。一个有效的交流者能够很好地驾驭这四个角色，知道什么时候索取信息，什么时候给予信息，什么时候索取行动指令，什么时候给予行动指令。比如一个主持人在访谈时，发现访谈对象陈述自己的故事时情绪过于激动，他会突然建议访谈对象换一个位置坐下来，让其情绪缓和，然后自己开口说一番见解。这个过程就是主持人从"索取信息"到"给予行动指令"，再到"陈述信息"的角色调整过程，巧妙地让访谈对象有时间平息情绪。

3. 语言的语篇功能

语言的第三个功能是语篇功能（textual function）。语篇功能是指语言内在的逻辑关系和不同文体的形式能够满足不同的交流情境的需求，使信息传递出去是一种清晰连贯、比较得体的方式，让听者或读者比较容易理解。

和前两个功能相比，第三个功能有点抽象，而且它对语言输出者有更高的要求。第一，输出者要有良好的逻辑思维能力；第二，输出者要熟悉各种文体，如正式口头语、公文体语言、演讲体语言、教材体语言等；第三，输出者要对交流语境做出正确判断，用合适的语言组织和问题形式表达信息。

语篇功能属于语言的"高端功能"，并不是每个人都会使用。很多人话一多，文章一长，就开始语无伦次，逻辑上出现漏洞或矛盾，这就是对语篇功能不能驾驭的表现之一。不会语篇功能对语言使用者是一个巨大的限制，就像有些智能手机的用户不会使用手机中"设置"功能一样，手机使用处于被动状态，无法应用自如，掌握主动权。语文学习的最高层次也是语篇功能，比如中学以后的语文教育已经摆脱词汇，而将重点放在训练学生用各种文体写作，即是语篇功能的应用训练。

语言表达清晰流畅，需要词汇之间和语句之间有连贯的逻辑联系。语言的逻辑性和思维的逻辑性有关联，但又不同。思维逻辑立足自我，无须表述，可以跳跃。语言逻辑立足于听者或读者，需要表述，不能跳跃。语言逻辑强调连贯性，一旦跳跃就容易让听者或读者迷失。很多人自己想得很清楚，却讲不清楚，这就是语言逻辑跳跃混乱造成的。有时，人在紧张状态下也会出现语言逻辑混乱。比如多年前有一个比较有名的相亲节目《非诚勿扰》，很多来相亲的男嘉宾比较紧张，说话有些不搭，主持人孟非需要经常帮他们"翻译"，问他们"你的意思是不是……"这样的话语，又往往是在补充说话者在语言逻辑上的跳跃处，让其他听众明白。这也反映了孟非有非常好的逻辑判断力和临场反应能力。

此处需要指出的是，思维逻辑性好的人不一定有良好的语言逻辑能力，因为这些人没有从自我的角度调整到语言接受者的角度进行表述。但语言逻辑好的人一般思维逻辑也不错，因为这些人的思考能驾驭自我和语言接受者的两种角度。思维逻辑好而语言逻辑差的人经过一定的训练，进行换位思考，可以提升语言逻辑能力。而思维逻辑糟糕的人则处于不可救药的悲催境地，其语言逻辑能力不但差，而且失去提升希望。

除了语言内在组织的逻辑关系，语言的文体也是信息传递的重要一环。中文的文体复杂多样，在正式和非正式的口头语以外，书面语花样繁多：聘文、批文、公告、贺词等，几乎生活中比较郑重一点的事情都有其对应的文体。如此细化的文体显示出中文语言系统高度发达的程度，世界上文体如中文那么繁多的语言寥寥无几。

我们在感叹中文难学的时候，是不是也要为自己母语的先进性感到自豪？

语言能力发展的高级阶段是表达中逻辑关系清晰，对各种文体运用自如，让语言的语篇功能释放，达到得体而又让人充分理解的信息传递目的。

交流高手——对语言功能驾驭自如

以上对语言功能作了一个非常粗浅的介绍，如此介绍是为了让大家对语言这个天赋神器多一份自知自觉，在生活中有的放矢地提高交流能力。根据语言的三大交流功能，提升交流能力需要进行以下三方面的努力。

A. 增加词汇量和熟悉语法规则，为精准描述生活中各项经验打下坚实基础。

学过外语的人可能对此深有体会，词汇量和语法知识是两大敲门砖，没有这两方面的扎实功底，外语就是叽叽喳喳的鸟语，属于"你的柔情我永远不懂"的一类信息。对于使用母语的成年人来说，虽然母语的基本词汇量和语法规则没问题，但专业词汇和社会新出现的词汇要进一步掌握，不然言语无味，"土腥气"侧漏。

此处说点题外话，是关于网络词汇。近年来网络词汇增长迅速，网络用语已经强势进入人们的日常语言，成为汉语系统不可小觑的新增部分。有些网络词汇用来描述社会上新出现的事物，如代购、网红；有些网络词汇是对原有事物冠以新名词，使之有趣，如学霸、学渣之类。网络上还有大量的形容词，如高上大、喜大普奔等，这些词汇多半用来宣泄情绪，有些夸张。对网络词汇要有所甄别，要让健康有趣的词增加到自己的语言中，跟上时代步伐，因为用当代语言描述当代事物是语言交流中必需的一环。但一些宣泄情绪的比较污秽的网络词汇要坚决摒弃。其实汉语系统的词汇量极其丰富，任何情绪都有合适的词汇描述，无须借助污秽词汇。

做一个语言上的洁癖者，学会用干净、精准而有力的语言在网络上和生活上表达自己的观点和情绪，体现了一个人的交流能力和文化修养，也会给孩子教育树立一个正面榜样。

B. 灵活调整自己在交流中所扮演的社会角色和交流角色。

调整社会角色是知道自己在和谁打交道，拿捏用词遣句的分寸，亲疏远近，恰到好处，否则自己和他人的关系难以维持。譬如对领导用家人的口气说话，或对家人用领导的口气说话，都可能给自己的生活带来意想不到的麻烦。

调整交流角色是掌握交流中给予或索取信息和行动指令的时机，灵活运用陈述、疑问、建议和命令这四个交流功能，控制交流的节奏。这其中平衡交流角色很重要，比如，很多人会强调"提问"和"倾听"在交流中的作用，从系统功能语言学的角度看，"提问"和"倾听"的本质是索取信息，表面上因说话少而显得被动，其实因"索取"而主动。但索取信息的目的是为了更好地给予反馈，一味地索取信息而不给予信息反馈会造成交流中的不对等，使交流难以继续。反之亦然，一味陈述自己的观点（给予信息），不提问或倾听（索取信息），也容易使交流陷于混乱。

此外，交流场合也决定交流角色的性质，比如"沉默是金"只是特定场合的需求，在碰头会或课堂讨论中需要大家积极陈述时，"沉默"就不是"金"，而是块大废铁，压在那儿让人为难。

C. 提高语言逻辑能力和对各种文体的熟悉程度。

这种能力是语言能力中最难的一项，很多人需要终其一生去发展这种能力。发展这种能力需要更坚强的学习毅力，广泛阅读优秀的文字作品，聆听优秀人物的语言表达，并潜心揣摩他们组织语言的方法和规律，持之以恒，终会得到质变的突破。

此外,语言逻辑能力中比较重要的一环是换位思考能力,即从语言接受者的角度考虑如何组织语言,这其中也涉及文化因素。比如中国人可能喜欢娓娓道来的方式,观点隐于叙述中;西方人可能喜欢开门见山的方式,旗帜鲜明地表达观点。交流需要根据交流对象和交流情境调整语言的组织形式,这都是属于驾驭语言使用的语篇功能范畴。

语言系统像最先进的智能手机一样,功能强大繁多,但这些功能要为我所用,必须付出艰苦努力去学习。这个技能不容易掌握,这是从小学到大学,语文都是重要学习科目的原因。付出艰苦努力去学习是获得生活中任何重要能力的必经途径,这是绕不过去的、非常令人无奈的事实。

成为语言交流高手和成为武林高手一样,需要勤学苦练,有扎实的基本功垫底,还要有良好的悟性提高。不过,和武林界经常有一种"神功秘籍"能迅速提高练武者功力一样,语言学界也有一种"秘籍宝典",能从一个突破口入手,迅速提高交流者的水平,这个"秘籍宝典"就是本书关注的说理性语言的技巧。

说理性语言在交流中意义重大,它是一个人思考能力展示的窗口。"言之有理"是对一个人的话语的非常积极的评价，也是对一个人观点接受的基础。在生活中我们有太多场合需要解释自己的观点或给自己的行为动机一个合适的理由，哪怕是一件很小的事情，比如买菜，"我现在要马上出去买菜，去晚了可能就没有好菜可以挑了"这么简单的一句话，能够让别人理解自己行动的原因，彰显自己行动的合理性。生活中我们不知不觉地用上大量说理性语言，因为人有理性，也有追求理性的天然动机，我们正是在这种解释自己思想和行为的说理性语言中塑造自己的理性形象。我们需要"言之有理"让别人认同自己，接受自己，完成交流目的。

说理性语言对于语言交流的意义就像经脉对于武学的意义，掌握说理的技巧就像打通经脉一样，在成就高手的道路上意义非凡，学成者方能破茧而出，成为高手，笑傲江湖……

说理性语言——交流高手的必备宝典

说理性语言在交流中至关重要，是成为交流高手的必备之技，这是由诸多因素决定的。

第一，说理性语言在生活中频繁发生。如前文所述，家长管教孩子时，几乎处处要用各种理由说服孩子；而成人交流中，也需要用多样理由支撑自己的观点，在多数交流情境下，一个简单的观点可能也需要理由支撑。比如"你剪短发比较好，那样看起来更精神"。

第二，说理性语言中的因果关系体现了人的价值观，最直观地反映了人的思维导向。在很多情况下，说话者的语言水平并不体现在用词的华丽上，而是他说的话有没有道理，能不能得到大家认同。比如 2016 年美国总统大选中，词汇量不丰富，话语粗放的唐纳德·特朗普不可思议地战胜了能言善辩的政治精英希拉里·克林顿，成为美国第45届总统。在美国总统选举过程中，候选人要向公众阐明自己的观点，并用各种理由支撑自己的观点，其实是一个庞大的说理过程。特朗普获得民众支持不是靠华丽的词汇，而是他切中美国社会种种弊端的话糙理直的演讲，很多美国人认同他说的理，选举他登上总统宝座，尽管他的表达方式和希拉里相比，显得太过率直，有些不登大雅之堂。

第三，也是最重要的原因，从系统功能语言学的角度来看，说理性语言在完成交流角色的任务上，是不可或缺的因素，其决定交流的质量。

如前文所述，语言的交流功能中有四个交流角色：

A. 给予信息（陈述 statement）

　　我喝的这种茶非常好。

B. 索取信息（疑问 question）

　　你喝的是什么茶？

C. 给予行动指令（建议 offer）

　　你要喝杯茶吗？

D. 索取行动指令（命令 command）

　　给我来杯茶吧。

说者在这四个角色中不知不觉地演绎。说理性语言在这四个交流角色中，如表演者的造型装扮，起着引起注意、震撼人心的作用。我们以下不妨用实例来解释说理性语言如何在完成交流角色中发挥着无可替代的决定性作用。

情景1：

A. 给予信息（陈述 statement）

我喝的这种茶非常好。

这是一个表达观点的陈述句，如果说者就是这么一句话，缺乏感染力和说服力，很难让人注意或认同。但如果后面加上几句：这茶产自我舅舅的茶庄，他的茶庄在真正的"毛山云尖"的茶叶种植基地，这种茶润心、润肺、润肠……

这后面的理由虽然是推销或炫耀的陈词滥调，但增强了信息的感染力，会引起更多的关注，可能对有些人有说服作用。比起有些语言，如"我们这里的茶就是好茶，就是好"，这种没有任何理由支撑的宣称，陈词滥调的理由也比这强得多。

当然如果理由清新一些，会更打动人，比如："我喝的这种茶非常好，一泡上，整个屋子都有清香。"这种理由让你的炫耀不那么令人反感。

情景2：

B. 索取信息（疑问 question）

你喝的是什么茶？

问话的人若只问这一句，在有些场合下也能得到答案，比如问话的人和喝茶的人比较熟悉，则答案容易获得；但如果二者关系不熟，能不能得到答案要看喝茶的人有没有好心情。但如果问话后面加上一句："这茶闻上去特别香，我好像从未见识过。"这样的理由一摆出来，显示了问话者的强烈动机，喝茶人给出答案的可能性大增，不然显得无礼，这么容易的"成人之美"也不会做。

情景3：

C. 给予行动指令（建议 offer）

你要喝杯茶吗？

这句话如果出自亲人或朋友口中，表示关心，好像后面不需要任何理由补充。但如果这句话出自店小二口中，而且茶费不菲，后面没有一个给力的理由，客官可能就不买账。比较呆板的小二会延续传统套路，重复陈词滥调：我们的茶润心、润肺、润肠……好像任何人在这杯茶前都显得不太通畅。比较灵光一点的小二会察言观色，将言语和客官当下体会相结合：我看你们出了不少汗，我们的茶比较清凉解暑，这种天喝最好……这样的理由可能更容易打动客官，促成交易。"会说话"的策略之一就是说话时给出的理由和人的经验体会相吻合，引起情绪上的共鸣。这就是所谓"把话说到人心坎里去了"。

情景 4：

D. 索取行动指令（命令 command）

给我来杯茶吧。

命令式的语言加上不给理由，经常会显得非常没有礼貌，但却是我们最喜欢对亲近的人用的语言。看到另一方不问缘由地执行自己的行动指令是多么令人欣慰啊，在很多人眼里，那表明另一方的衷心和死心塌地的态度。妙龄女郎非常喜欢用这种语言对她们的男友说话，就是要享受这种欣慰感。有时为了加大欣慰感，命令还需要无厘头：给我来杯有温热感的冰镇乌龙茶吧。

但欣慰感来自"命令+没有理由"往往持续不久，因为这种非正常的欣慰感建立在对方损失尊严的基础上。正常人都是有理性的，做一件事情，哪怕是很小的事情，如出去走一走都是有原因的。不给理由的命令执行多了，正常人要么反抗，要么成为不会思考的傻瓜。喜欢发无厘头命令的美女命运堪忧啊！

有一类家长也喜欢给孩子发没有理由补充的直接命令：把笔拿出来，先画出重要部分，再读，最后到我这儿背……

但如果命令中给出合适的理由，情况会大不一样，会让人执行起来比较心甘情愿。"给我来杯茶吧，我现在有点渴。""给我来杯茶吧，我挺喜欢你们这里的茶。"……

只要加一个简单的理由，你的索取行动的命令会更有效、更优雅，因为你让对方行动有依据，有正常人的尊严，而不是听你摆布的傻瓜。

以上用"一杯茶"说明给出理由在四个基本交流角色（陈述、疑问、建议、命令）中的重要意义。人在说话时，不断扮演这四个交流角色，而要把这些角色扮演好，给出理由，即说理性语言是其中的重要环节。

没有说理成分的语言是多么乏味而无力啊！

在语言三大功能的使用中，角色功能是可塑性最大的一部分。对于使用母语的成年人来说，母语的词汇量和语法规则的发展已经基本到位，可以比较纯熟地使用语言的经验功能，用比较精准的语言去反映生活。语篇功能是语言中比较"高端"的功能，需要日积月累地下功夫培养，很难一蹴而成。而角色功能是语言交流中自我定位的意识，这种意识能够通过强化迅速提高，是提高语言交流能力的突破口。更重要的是，角色功能如果使用得当，能最大程度地提高自己语言的影响力，说服对方，在这个过程中说理性语言意义重大。

要做一个语言交流高手需要从学会说理开始，这如同要做武林高手，需从练习能够迅速打通经脉的"九阳真经"开始。这本关于说理的书可能不像传说中的"九阳真经"那么玄妙，但书中阐述的一些原理和规则会让你对语言交流有更深刻的认识，无论跟孩子说话还是跟成年人说话，都多一分将自己的"理"说透的自觉意识，如此，在孩子面前，你会成为让孩子更愿意信赖和跟随的榜样；在成人世界中，你会成为更有说服力、更有理性的社会人。

祝大家成为说理高手！

参考文献

Association for Psychological Science. Toddlers copy their peers to fit in, but apes don't. ScienceDaily, 2014. http://www.sciencedaily.com/releases/2014/11/141104111531.htm

Bjoirlund, D, F. Children's thinking. Belmont, US: Wadsworth Publishing Co Inc., 2001.

Blair, C. Behavioral inhibition and behavioural activation in young children: Relations with self-regulation and adaptation to preschool in children attending Heat Start. Developmental Psychobiology, 2003. 42 (3): 301-311.

Erikson, E. H. Identity, youth, and crisis. New York: Norton, 1968.

Fiese, B. H., Tomcho, T. J., Douglas, M., Josephs, K., Poltrock, S., & Baker, T. A review of 50 years of research on naturally occurring family routines and rituals: Cause for celebration? Journal of Family Psychology, 2002. 16 (4): 381-390.

Gunter, T., & Kessler, R. C.. Childhood adversity and the risk of violence in adulthood: A comprehensive meta-analysis. Psychological Bulletin, 149 (3), 2023: 201-229. https://doi.org/10.1037/bul0000319.

Halliday, M. A. K. Language as social semiotic: The social interpretation of language and meaning. London: Edward Arnold, 1978.

Halliay, M. A. K., & Metthiessen, C. An introduction to functional grammar. London: Hoddler Arnold, 2004.

Hasan, R. Rationality in everyday talk: From process to system//J. Svartvik (Ed.). Directions in corpus linguistic. Berlin: Mouton de

Gruyter. 1992: 275-309.

Hasan, R. Rationality in everyday talk: From process to system//J. Webster (Ed.). Semantic variation: Meaning in society and sociolinguistics. Berlin: Mouton de Gruyter, 2009: 309-344.

Hu, J., & Torr, J. A study of reasoning talk between Australian Chinese mothers and their preschool aged children: What messages are mothers sending? Journal of Language, Identity and Education, 2016. 15 (3): 180-193.

Illeris, K.. Contemporary theories of learning: Learning theorists in their own words. Routledge, 2009.

Jarvis, P.. Towards a comprehensive theory of human learning. Routledge, 2006.

Kolb, D. A.. Experiential learning: Experience as the source of learning and development (2nd ed.). Pearson Education, 2015.

Levin, D. E. & Carlsson-Paige, N. The war play dilemma: What every parent and teacher needs to know. New York: Teachers College Press, 2005.

Owens, R. Language Development: An introduction. New York: Allyn and Bacon, 2001.

Smith, P. K., & Jones, K.. The dynamics of play: How parallel play influences peer interactions in preschool settings. Play and Culture Studies, 12, 2022: 45-61. https: //doi. org/10. 3726/pcs1202.

Thompson, M., & Barker, T.. It's a boy!: Your son's development from birth to age 18. New York: Ballantin Books, 2009.

Vygotsky, L. S.. Thinking and speech. In R. W. Rieber & A. S. Carton (Eds.), The collected works of L. S. Vygotsky, Volume 1: Problems of general psychology (pp. 39-285). New York: Plenum Press, 1987. (Original work published 1934.)

Widom, C. S., & Maxfield, M. G.. An update on the 'Cycle of Violence' study: The effects of child abuse and neglect on adult criminal behavior. Child Abuse & Neglect, 129, 104581, 2022. https://doi.org/10.1016/j.chiabu.2022.104581.

后　记

　　本书是我在澳大利亚麦考瑞大学（Macquarie University）从事儿童语言研究工作中关于说理性语言（reasoning talk）研究的拓展，也是一次有趣的将理论运用于大众普及推广的实践。

　　当我第一次产生念头，要写一本让广大家长和一线老师愿意看的以语言学理论为支撑的普及型读物的时候，我得到了我的恩师、澳大利亚麦考瑞大学系统功能语言学专家 Jane Torr 教授的支持。Jane Torr 认为这件事太有意义了，大学研究的理论不能只保存于象牙塔，应该让大众理解和接受，语言学中有大量的有趣的研究可以惠及大众，应该让更多人知道。她鼓励、支持我在从事科研之余，写出这本普及型读物。这本读物先以中文版面世，其后还有英文版。

　　在初稿形成阶段，清华大学出版社编辑王巧珍女士给了我非常多的建设性意见，帮助我完成从学术型写作到通俗读物写作的蜕变过程，没有她的细致而又专业性的引导，这本书很难顺利完成。

　　在书稿修改过程中，我的国内幼教同行专家朋友们——鲁黎、黄绎霖、闫静、夏萍等老师都细致地阅读了我的文稿，给出很多精辟的建议。

特别值得一提的是我的母亲王绍庆,她是我的最忠实的读者,我每写完几页就传给她看。她戴着老花镜逐字读完,给我评论,提出哪里她觉得好,哪里她还有困惑,我然后将书稿修改到她能够完全理解为止。母亲的阅读对我的写作是一个莫大的鼓励和检验,我想如果这本书的理论能够让74岁的、未上过大学的老人读懂,而且读得有兴趣,那么其他读者应该更容易吸收书中的理论精华部分。

也要特别感谢我的好友吴燕小姐,她将书稿中的部分内容用图文编辑的形式上传到"大洋幼教"公众平台,让更多的读者看到,并为我收集读者的反馈。她的努力让我和读者有了一定的接触,让我的写作能够将部分读者的反馈建议融入进去,更经得起市场的检验,大大增强了我写作的信心。

最后需要提及的是,这本书主要运用了系统功能语言学大师韩茹凯的语言学理论,没有她的理论,本书无从谈起。韩茹凯是我非常敬慕的语言学家,感谢她对语言学界的卓越贡献,给我这样的后来者带来一片荫蔽。本书面世之时,也是韩茹凯教授去世3周年之际,谨以此书祭奠这位学术前辈。

胡江波(Helen Hu)
2018年春